ヘタリア Axis Powers 原作ガイドブック総集編

ヘタリア的
WW1・2＋独立編

監修：日丸屋秀和

もくじ

イタリア Italy
（北イタリア）

「見て見て―ピッツァのびたよ―」

地中海の覇者、ローマ帝国のいろいろとアレな子孫。陽気で泣き虫でヘタレだが、なぜか憎めない。食べることと女の子が大好き！　作中では「イタリア＝ヴェネチアーノ」。

縁の深い国

ドイツ　オーストリア　日本

WW1前は…

イタリア王国として統一されたのは1914年のWW1からおよそ半世紀前の1861年。その後もイタリア語を話す人々の多い場所を取り込もうと頑張っていました。1882年にはドイツの提案でドイツ＆オーストリア＝ハンガリーと三国同盟を結成。でもオーストリアとは領土問題があるし同盟での扱いもイマイチ。そんなイタリアは次第にフランスが気になるように!?

ロマーノ Italy
（南イタリア）

「お前なんか嫌いだっ」

パスタとピッツァと女の子が大好きなイタリアの兄ちゃん。スペインの影響を受けたのでトマトも大好き。弟とは統一後もあまり仲がよくない。作中では「イタリア＝ロマーノ」。

縁の深い国

イタリア　スペイン　アメリカ

WW1前は…

あまりその気がなかったにも関わらず、成り行きで弟とくっつかされたため、統一後もいろいろ苦労したロマーノ。上司（※）に反抗すれば山賊呼ばわり、マフィアも現れたりでロマーノがちょっと斜に構えた性格になったのも無理はないかも？　工業が発展していた弟と比べて農業メインで貧しかったこともあり、WW1前には多くの人々がアメリカに移民しました。

※上司＝国のえらい人のこと

4

ドイツ *Germany*

「そうか……友達か！」 「いいな！」

生真面目で融通が利かない中欧のムキムキ青年。でっかいロシアやお耽美なフランスなど、クセのある面々に囲まれているためか苦労性な一面も。実はイタリアに行くのが好き。

縁の深い国

イタリア　オーストリア　日本

WW1前は…
ドイツのあった地域は中世、神聖ローマ帝国としてまとまっていた小さな国の集まりでした。でも19世紀に神聖ローマ帝国は消滅、またナポレオンみたいなのに荒らされるのも嫌だ、というわけで1871年にまとまって出来たのがドイツ帝国。そしてイギリスやフランスに追いつけ追いこせと突っ走り始めるドイツですが、そのムキムキぶりに周りはドン引きしていて!?

プロイセン *Prussia*

「俺様はすごいんだぜ！」

やたら態度の大きいドイツのお兄さん。でも根は几帳面だったりビール大好きだったり、弟と似ている部分も多い。ケンカっぱやくロシアが嫌い。ハンガリーとは微妙なケンカ友達？

縁の深い国

ドイツ　オーストリア　フランス

WW1前は…
戦いが得意だったプロイセンはドイツの数多いお兄さんにあたる国々の中でも最大の実力者でした。ドイツに入れるかどうかでもめたオーストリアを倒し、さらに少し前のナポレオンの時代にコテンパンにされたフランスにリベンジしてプロイセンはドイツ帝国へ生まれ変わります。新たな大国の誕生は、ヨーロッパのパワーバランスを変えることになります。

フランス *france*

「何そのダサい服。お兄さんがデザインしてやろうか？」

ファッションとグルメにうるさいマイペースなお兄さん。歯の浮く言葉で愛を語る情熱家だが、美しければ相手は老若男女不問という説も!? イギリスとは昔からいがみ合っている仲。

縁の深い国

イギリス

ドイツ

ロシア

WW1前は……
フランスは18世紀末からフランス革命とナポレオン戦争でヨーロッパ中を大騒ぎさせました。19世紀には落ち着いたものの、根に持っていたプロイセンにドイツ統一の踏み台にされたり、その後も仲間はずれになるよう仕向けられたりと苦労が続きます。それでもパリを近代的に改造したり、柔らかなアール・ヌーヴォーなデザインを考えたりと頑張っていました。

ロシア *Russia*

「信頼できる友達がほしいなー」

何もかもが大きな北の青年。守護神は冬将軍。素朴で素直な性格だけど、子供のような残酷さも持っていて、何とも言い難い威圧感が……。暖かい土地と友達を手に入れるのが夢。

縁の深い国

ドイツ

フランス

WW1前は……
大きな力を持つようになったけれど近代化は進んでいなかったロシア。暖かい土地を手に入れようと西ではクリミア半島でトルコと戦ったり、東では満州で日本と戦ったりしたのですが、イギリスなどの邪魔が入ってうまくいきませんでした。そのため国民の不満は高まる一方。それでもフランスやイギリスと手を組み、ヨーロッパで存在感を示そうとしますが……。

イギリス UK

「俺は伝統と歴史の紳士だからな!」

皮肉屋で、オカルトが好きな紅茶紳士。たまにガラが悪くてパンクな地が出ることも。フランスとはケンカが絶えないが、ファッションやワインは認めている。料理は大の苦手。

縁の深い国

アメリカ　フランス　ドイツ

WW1前は…
19世紀にはヴィクトリア女王のもと、世界中に植民地を抱えてブイブイ言わせていたイギリス。アフタヌーンティーの習慣が一般に広まったのもこの時代です。中国から持ち出した紅茶をインドに植えたりしてました。ヨーロッパのことにはあまり関心がなかったのですが、20世紀になるとドイツのマッチョぶりを警戒して宿敵のフランスと手を組むことにします。

アメリカ USA

「俺はヒーローだからね!」

明るくてパワフルな青年。空気を読まないので迷惑がられることもあるが、本人は気にしていない。昔、イギリスの弟として暮らしたために味オンチ。紅茶よりもコーヒー派。

縁の深い国

イギリス　フランス　ドイツ

WW1前は…
18世紀にイギリスから独立を果たし、19世紀には国内の開拓に奮闘していたアメリカ。国が二つに割れた南北戦争を乗り切り、スペインからキューバやグアム島を奪ったりして力をつけていきます。そんな元気さに魅かれてイタリアなど多くの国から移民がやってきました。でもアメリカ自身は、ヨーロッパのゴタゴタには関わらないようにしていました。

オーストリア Austria

「私の怒りをピアノで表現します」

音楽とケーキとコーヒーをこよなく愛するお坊ちゃん。ケンカは苦手だが、結婚は得意というところがお坊ちゃんらしい。でも意外と倹約家。プロイセンとはかつて大事なところをめぐって争った仲。

縁の深い国

ハンガリー　ドイツ　イタリア

WW1前は…

かつて神聖ローマ帝国のリーダーだったオーストリア。そのため自分の手でドイツ統一を狙うプロイセンから邪魔者扱いされ、結局ドイツには入らないことに。かわりに1867年、ハンガリーと二重帝国を築きました。その後、統一したドイツとは良い関係になりますが、手を組んだはずのイタリアには南チロルのことでちくちくつっつかれていました。

ハンガリー Hungary

「オーストリアさん、元気かな?」

昔は野原を馬で駆け回っていた元気のいい女の子。今は素敵なお姉さんだけど、怒らせるととっても怖い。オーストリアやイタリアのことがお気に入りで、プロイセンのことは大嫌い。

縁の深い国

オーストリア　ドイツ　イタリア

WW1前は…

オーストリアのお世話になっていたハンガリーですが、19世紀には他の国と同じように、独立ムードが盛り上がりました。最終的にはオーストリアの皇帝、フランツ・ヨーゼフ1世を国王として受け入れ、議会は自前のものを用意するという二重帝国のスタイルに落ち着きます。こうして19世紀後半、オーストリアとともにハンガリーは繁栄しました。

日本 *Japan*

「欧米文化は複雑怪奇ですね……」

もの静かで真面目なサムライの青年。特技は空気を読むことと遠慮すること。家が島国で引きこもり期間もあったために独特な文化を持っていて、そのため周囲とのズレに悩むことも。

縁の深い国

ドイツ　イタリア　アメリカ

ＷＷ１前は…

ずっとオランダや中国以外の相手とは付き合わずに引きこもっていた日本。しかしロシアやイギリスにつつかれることが多くなり、ついにアメリカの強引さに負けて開国することに。その後は必死にヨーロッパに追いつこうと勉強しました。19世紀末からは中国と戦ったりロシアと戦ったりと忙しい日々が続き、素寒貧になってしまいますが……？

中国 *China*

「たく、年上に敬意のない連中あるな」

年齢不詳で、おおらかな性格だけど負けず嫌いな仙人。弟子は多いのにイマイチ尊敬されていないのが悩みのタネ。料理上手で、食への探究心はフランスやトルコに負けず劣らず強い。

縁の深い国

イギリス　アメリカ　日本

ＷＷ１前は…

19世紀には清と名乗っていた中国。前はヨーロッパのことを何とも思っていませんでしたが、この頃になるとそうも言っていられなくなります。特に紅茶を売る相手としか思っていなかったイギリスにアヘン戦争で敗れたのをきっかけに、各国から目をつけられることに。家にどんどん踏み込まれた結果、清は滅びて1912年に中華民国が成立しました。

スペイン Spain

「な、なんとかなるんちゃうかな～」

ヨーロッパの西に家を構えるトマト好きな楽天家。世界中に別荘を持つ程のお金持ちだったこともあり、その頃にはかいがいしくロマーノの世話をしていた。今は昔ほどお金はないが、明るく元気に過ごしている。

縁の深い国

ロマーノ　イタリア　アメリカ

WW1前は…

16世紀には海外に別荘を作りまくって大金持ちになりましたが、17世紀以降はイギリスやオランダに押されてあっという間に貧乏になったスペイン。19世紀にはフランスのナポレオンに家を荒らされたことも。ナポレオンは撃退したものの、その後も家の中はまとまらずフランスやプロイセンにちょっかいを出されたり……。苦労は絶えないのでした。

ベルギー Belgium

「うちも頑張ってんで～！」

明るくて朗らかなオランダの妹。ワッフルやチョコレートなど、お菓子へのこだわりは人一倍！

縁の深い国

オランダ　イギリス

WW1前は…

ナポレオンによる騒動が収まった後にオランダと同居することになったベルギーですが、1839年に独り立ちしました。

オランダ Netherlands

「……企業秘密や」

長身で無口、倹約家で商売に熱心なお兄さん。かつてはベルギーといっしょに暮らしていた。

縁の深い国

ベルギー　ドイツ

WW1前は…

ナポレオンが失脚したあと家を取り戻したオランダ。ベルギーと別れてからは植民地経営に励んだり日本に手紙を送ったりしました。

スイス

Switzerland

「我が輩の土地に
　入るな！」

厳しい環境で育ったため、クールで他人と関わろうとしない青年。リヒテンシュタインには甘い。

縁の深い国

リヒテンシュタイン

WW1前は… スイスはナポレオンが巻き起こした大騒動の後、永世中立国として認められるように。そして19世紀には銀行業を始めました。

リヒテンシュタイン

Liechtenstein

「私、どうなってしまう
　のでしょう」

育ちが良くて賢いお嬢さん。スイスを兄として慕っている。自分の意見ははっきり言うタイプ。

縁の深い国

オーストリア　スイス

WW1前は… オーストリアが率いる神聖ローマ帝国の一員だったリヒテンシュタイン。19世紀初頭に神聖ローマ帝国が解散したため独立しました。

トルコ

Turkey

「ヨーロッパの連中にゃ
　負けねぇぜ」

チョイ悪な雰囲気が漂うパワフルでグルメなおっちゃん。家が近いギリシャとはライバル同士!?

縁の深い国

ギリシャ　ロシア

WW1前は… 16世紀にはオーストリアにケンカを売るほど元気でしたがだんだん性格が丸くなり、19世紀にはロシアにつつかれるように……。

ギリシャ

Greece

「トルコのひげづらは
　……嫌いだ」

のんびりした雰囲気の哲学青年。猫に好かれる体質で本人も猫好き。トルコとは取っ組み合う仲。

縁の深い国

トルコ

WW1前は… 19世紀にオスマン帝国の支配下から独立。政情は不安定でしたが、1896年には第1回近代オリンピックを開きました。

スウェーデン

Sweden

「……かえっぞ」

北欧に家を構える無口な青年。大柄で恐ろしげな雰囲気だが、わりと性格はおちゃめ。

緑の深い国

フィンランド　デンマーク

WW1前は… 19世紀初頭に起きたナポレオンとの戦い以降、平和に過ごしていたスウェーデン。この時代に文化や学問が大いに発展しました。

デンマーク

Denmark

「北欧会議、始めっぞー！」

あけっぴろげな性格の青年。昔はよくケンカしていたけれど、今は家具作りに力を入れている。

緑の深い国

スウェーデン　ノルウェー

WW1前は… 18世紀後半、アメリカの穀物が大量に入ってきたことから酪農家が量より質で勝負する方針に。良質な乳製品で有名になりました。

ノルウェー

Norway

「トロールが呼んでっけぇ」

どこか神秘的な雰囲気を漂わせている無口な青年。彼の背後には妖精やトロールの姿が見える!?

緑の深い国

スウェーデン　デンマーク

WW1前は… かつてはデンマークやスウェーデンとともに過ごしていたノルウェー。19世紀に独り立ちを考え、1905年に王国になりました。

フィンランド

Finland

「戦場にもクリスマスは来るんです」

家にサンタクロースが住んでいるという噂のある素朴系男子。おおらかでユニークな発想の持ち主。

緑の深い国

スウェーデン　ロシア

WW1前は… 19世紀にはスウェーデンからロシアのお世話になることに。最初は良い関係だったのですが、だんだん締めつけがキツくなり!?

アイスランド

Iceland

「僕は子供じゃない」

無口で大人っぽく振る舞っているけど、実は子供っぽい一面も。最近ノルウェーの弟と明らかに。

緑の深い国

デンマーク　ノルウェー

WW1前は…　1783年の火山の噴火で大変な目にあいましたが、19世紀には何とか回復。デンマークから独立しようと頑張っていました。

カナダ

Canada

「メープルシロップかける？」

メープルシロップが好きなお人好し。外見はアメリカに似ているけれど中身は全然似ていない。

緑の深い国

イギリス　アメリカ

WW1前は…　18世紀後半にフランスが引き上げ、イギリス領になったカナダ。1867年にはカナダ自治領としてまとまりました。

ウクライナ

Ukraine

「ロシアちゃーーん！あっ……」

とてもバストが豊かなロシアのお姉さん。ちょっとドジで泣き虫だけど、怒ると怖いらしい!?

緑の深い国

ロシア　ベラルーシ

WW1前は…　中世にはリトアニアやポーランドに押しかけられましたが、19世紀には家の8割がロシア、2割がオーストリアのものでした。

ベラルーシ

Belarus

「兄さん、開けて……入れてよ……」

禍々しい雰囲気を放つロシアの妹。美人だけどストーカー気質で、ロシアに重〜い愛を注いでいる。

緑の深い国

ロシア　ウクライナ

WW1前は…　18世紀末にロシアの家の一部になっていたベラルーシですが、ナポレオンに侵入されたりで荒廃。19世紀は貧しくて苦労しました。

ポーランド

Poland

「マジあり得ないしー！」

強気でふざけているように見えるけれど、実は人見知りな性格。リトアニアとは古い付き合い。

縁の深い国

リトアニア　ロシア

WW1前は… 中世には大国でしたが、18世紀末にプロイセン、ロシア、オーストリアに分割され、この時代には地図から姿を消していました。

リトアニア

Lithuania

「友達……ですか？」

とても真面目な青年。ポーランドに振り回され、ロシアの視線に戦々恐々する日々を過ごしている。

縁の深い国

ポーランド　ロシア

WW1前は… 16世紀にはポーランドとブイブイ言わせていたリトアニアですが、18世紀末からは国の大部分がロシア領になっていました。

ラトビア

Latvia

「ロシアさん怖いです！」

内気で素直な男の子。よくロシアの前で空気を読まない発言をしては場を凍り付かせている。

縁の深い国

ロシア

WW1前は… ドイツやスウェーデンなどの影響を受けてきたラトビアは18世紀にロシアの家に入りました。19世紀になると自立に憧れますが？

エストニア

Estonia

「北欧入りたい！」

リトアニア、ラトビアとともにバルト三国と呼ばれている優等生。フィンランドと仲良し。

縁の深い国

ロシア

WW1前は… エストニアもラトビアと同じく18世紀にロシアと同居するように。ですが暮らしが厳しく、19世紀に独立を考えるようになります。

オーストラリア

Australia

「いっちょひと泳ぎ
するかー！」

ガッツにあふれたワイルドな男子。どんな環境でも何とかやっていくバイタリティーの持ち主。

縁の深い国

イギリス

WW1前は… 19世紀、豊かな土地を求めて多くの移民がオーストラリアにやってきました。1901年には実質的にイギリスから独立しました。

エジプト

Egypt

「ピラミッドを見て
行くか？」

神秘的な雰囲気を持つエキゾチックな青年。昔、トルコのお世話になっていたことがある。

縁の深い国

イギリス　トルコ

WW1前は… 19世紀、半ば独立していたけれど一応オスマン帝国（トルコ）に属していたエジプト。フランスやイギリスと交流がありました。

ちびたりあ

Italy

「イギリス、カトリックを
やめちゃうですか？」

幼い頃のイタリア。今のヘタレさからは想像できないほど、したたかでしっかり者だった!?

縁の深い国

オーストリア　神聖ローマ

WW1前は… ルネサンスでぷくぷくしていたちびたりあですが、16世紀以降は外国の侵攻や宗教改革の影響で苦難の日々を送ることに……。

神聖ローマ

Holy Roman Empire

「なんで俺は不器用
なんだろう……」

今のドイツのあたりに家を構えていた無愛想なおぼっちゃん。ちびたりあのことが大好き。

縁の深い国

オーストリア　ちびたりあ

WW1前は… 17世紀の三十年戦争で家の中がバラバラになった神聖ローマ。それでもオーストリアを中心に何とか家を保っていましたが？

21世紀の ヘタリア的 世界地図

アイスランド

ノルウェー

フィンランド

スウェーデン

エストニア ロシア

デンマーク

リトアニア

ラトビア

オランダ

イギリス

ドイツ ポーランド

ベラルーシ

ベルギー

ウクライナ

スイス オーストリア

リヒテン
シュタイン

ハンガリー

フランス

イタリア

ギリシャ

スペイン

トルコ

エジプト

カナダ

アメリカ

日本

中国

オーストラリア

この本について

ヴェ、ヴェ。ひさしぶり〜、ドイツ、日本！
俺だよ、イタリアだよ〜！　みんな全然変わってないね〜

こら抱きつくなイタリア！　変わってない、か……。
そうだな、変わってないといいんだがな……はは……

お久しぶりですね、ドイツさん、イタリア君。
おや、前にもこんなかたちでお会いしたことがあるような？

うむ。この本は以前にWW1、WW2、アメリカ独立革命について
解説した3冊の本をまとめたものなのだ

わー、それってすごくお得なんじゃない？
3冊分が1冊で楽しめる総集編なんだね〜！

3冊分が1冊で読めるのはお得ですね。せっかくなので、
もう一度おさらいしてみましょうか

また俺たちの歴史を全部さらうのか。
日の出ている時間に終わるかどうか……

ど、ドイツ？　……ともかく、みんなで俺たちの歩んだ歴史を見て
みようよ！　いろいろあったよね〜！

それじゃあ
みんなの思い出へAndiamo!
アンディアーモ

18

20世紀初頭の夏、欧州（ヨーロッパ）は束の間のバカンスを楽しんでいた。

だけど、1914年7月、なんだか雲行きが怪しくなって……？

ヨーロッパでは〜

帝国の威信を見せるときがきたようです……。

どこかで銃声がしたようですね？

なんだオーストリア？ なに、銃声だと！

ならば俺も動かねばなるまいな。

みんな〜、美味しいピッツァが焼けたよ〜♪ ねぇねぇ早く食べないと冷めちゃうよ〜。

ドイツ、オーストリア側に加勢する気だな。 そんなことでビビるお兄さんじゃないぞ。

なんで睨むの？ ケンカしたいわけじゃないんだけどな〜……。 僕はドイツ君たちと大事になるんじゃ……。

ドイツのヤツ、なに準備してんだよ……。 ん？ これってもしかして大ごとになるんじゃ……。

その他の国々では〜

問題があったら俺が解決しようじゃないか！

これは、商売のチャンスあるか？

なにやら海の向こうが騒々しいようです……？

ここから、長い長い戦いが始まろうとしていた………

WW1前半の各国の関係

ドイツやフランス、イギリスなど、ヨーロッパの多くの国々を巻き込んで繰り広げられた
WW1。図の国以外にカナダやオーストラリアもイギリスを応援して参戦しました。

同盟国

ロシア　イギリス　フランス

ドイツ

中国　ベルギー　イタリア

VS

オーストリア＝ハンガリー

日本　　　　　ギリシャ

オスマン帝国（トルコ）

連合国

中立

俺は1917年に
イギリスたち側
で参戦したぞ

俺としてはもっと
早く戦ってほし
かったぜ……

オランダ　スペイン　スイス　アメリカ

北欧

21

ヘタリア世界年表

（18世紀後半～20世紀前半）

18世紀後半からWW1が終わるまでの時代に『ヘタリア　Axis Powers』に登場する国々で起きた事件をざっと紹介！　あなたはどれだけ知っていますか？

年代	国	ヨーロッパ・アメリカ	日本
18世紀後半	イギリス	産業革命が起きる	
1787			寛政の改革（～1793）
1789	フランス	フランス革命が起きる ➡P30	
1792	フランス	第一共和制が成立	ロシアのラクスマン、根室に来航
1793	フランス	ルイ16世、王妃マリー・アントワネットが処刑される	
1804	フランス	ナポレオン、皇帝に即位（第一帝政・～1814）➡P31	
1806	神聖ローマ帝国	神聖ローマ帝国、消滅	
	プロイセン	イエナ・アウエルシュタットの戦いでフランスに大敗	
1808			間宮林蔵が樺太を探検／イギリス軍艦フェートン号が長崎へ入港（フェートン号事件）
1812	フランス	ナポレオン、ロシアに遠征	
1813	フランス	ナポレオン、ライプツィヒの戦いで大敗	
1814	オーストリア	ウィーン会議（～1815）➡P32	
1815	フランス	ナポレオン、ワーテルローの戦いに敗れセントヘレナ島に流刑（百日天下）	
	オーストリア	ウィーン会議でオーストリアを盟主としたドイツ連邦が成立	
	リヒテンシュタイン	ウィーン会議でドイツ連邦の一員になる	
	スイス	ウィーン会議で永世中立国として認められる	
1821	ギリシャ	オスマン帝国に対して独立戦争を起こす（～1829）	
1825			異国船打払令（～1842）
1830	フランス	7月革命でルイ・フィリップが国王になる。ブルボン王朝崩壊	
	ベルギー	オランダから独立宣言	
1837	イギリス	ヴィクトリア女王が即位	アメリカ商船モリソン号が浦賀港に侵入（モリソン号事件）
1839	ベルギー	ロンドン条約で永世中立国化	
1840	イギリス	清とアヘン戦争 ➡P34	

年代	国	ヨーロッパ・アメリカ	日本
1841			天保の改革（〜1843）
1844			オランダ国王ウィレム2世より開国勧告の親書が届く ➡P35
1848	フランス	2月革命によりルイ・フィリップ退位。第二共和制成立 ➡P33	
	オーストリア	3月革命でメッテルニヒが追放される。フランツ・ヨーゼフ1世が即位 ➡P33	
	イギリス	ロンドンで「共産党宣言」が刊行 ➡P33	
1851	イギリス	第1回ロンドン万国博覧会が行われる	
1852	フランス	ルイ・ナポレオンがナポレオン3世としてフランス皇帝に即位（第二帝政）	
	リヒテンシュタイン	オーストリアと関税同盟を結ぶ（オーストリア通貨を使用。〜1919）	
1853	ロシアトルコイギリスなど	クリミア戦争が勃発（〜1856）➡P46	ペリーの黒船が来航 ➡P35 ロシアのプチャーチンが軍艦で長崎に入港
1854			日米和親条約
1855	フランス	第1回パリ万国博覧会が行われる	
1856			初代アメリカ総領事ハリスが下田に着任
1857	イギリス	イギリスの植民地で大規模な反乱が起きる（インド大反乱・〜1859）	
1858			安政の大獄
1859			初代イギリス総領事オールコックが江戸に着任
1860			勝海舟、福沢諭吉、ジョン万次郎などが渡米／桜田門外の変
1861	イタリア	イタリア王国成立 ➡P36	
	アメリカ	南北戦争（〜1865）	
1863			薩英戦争／新撰組の設立
1864	プロイセンデンマーク	デンマーク戦争	
1866	プロイセンオーストリア	普墺戦争、ドイツ連邦解体 ➡P38	徳川慶喜が第十五代将軍に就任
	イタリア	ヴェネツィアを併合 ➡P37	
1867	オーストリアハンガリー	オーストリア＝ハンガリー二重帝国が成立	大政奉還
	プロイセン	プロイセンを中心とした北ドイツ連邦が成立	
	カナダ	イギリス連邦の自治領になる	
1868	リヒテンシュタイン	軍隊を廃止	鳥羽伏見の戦い／明治維新

年代	国	ヨーロッパ・アメリカ	日本
1870	プロイセン フランス	普仏戦争（〜1871） ➡P40	
	イタリア	普仏戦争によりフランス軍、ローマから撤退。イタリア政府軍がローマに進軍 ➡P37	
1871	ドイツ	ドイツ帝国成立。ヴィルヘルム1世が即位 ➡P41	廃藩置県
	イタリア	ローマ遷都	
1877			西南戦争
1882	ドイツ オーストリア イタリア	独墺伊三国同盟が成立 ➡P50	
1888	ドイツ	ヴィルヘルム2世が即位	
1889	フランス	第4回パリ万博、エッフェル塔の完成（フランス革命100周年）	大日本帝国憲法の制定
	イタリア	第1次エチオピア戦争（〜1896）	
1890	ドイツ	宰相ビスマルクが辞任	
1891	ロシア	皇太子ニコライ、シベリア鉄道の建設を宣言	大津事件でロシア皇太子ニコライが負傷
1893			オーストリア皇位継承者フェルディナントが来日
1894	ロシア フランス	露仏同盟が成立 ➡P50	日清戦争（〜1895）
	ロシア	ニコライ2世の即位	
1895			独・露・仏による三国干渉
1896	ギリシャ	第1回近代オリンピックがアテネで開催される ➡P43	
1898	ドイツ イギリス	建艦競争が始まる ➡P51	
	フランス	ファショダ事件 ➡P43	
	アメリカ	米西戦争でアメリカ勝利。結果、キューバが独立	
1899	イギリス	南アフリカでボーア戦争（〜1902） ➡P45	
1902	イギリス	日英同盟が成立 ➡P44	日英同盟が成立 ➡P44
1904	ロシア 日本	日露戦争（〜1905） ➡P48	日露戦争（〜1905） ➡P48
	イギリス フランス	英仏協商が成立 ➡P50	
1907	ロシア イギリス	英露協商が成立（三国協商の完成） ➡P50	日露協約が成立
1912	トルコ ギリシャなど	第1次バルカン戦争	大正元年
1913	ギリシャなど	第2次バルカン戦争	

年代	国	ヨーロッパ・アメリカ	日本
1914	オーストリア	サラエヴォ（現ボスニア・ヘルツェゴビナの首都）でフェルディナント大公夫妻が暗殺される ➡P52	
		WW1が始まる／オーストリア、ドイツ、フランス、ロシア、イギリス、日本、トルコなどが参戦	ドイツに宣戦布告
1915	イギリス	ドイツへの海上封鎖 ➡P72	対華21ヶ条の要求
	ドイツ	ルシタニア号を撃沈（ルシタニア号事件）➡P72	
	イタリア	WW1に連合国側で参戦 ➡P62	
1916	オーストリア	皇帝フランツ・ヨーゼフ1世逝去	
	ロシア	ラスプーチンが暗殺される ➡P80	
1917	ドイツ	第2次無制限潜水艦作戦 ➡P72	駆逐艦隊を地中海に派遣 ➡P80
	ロシア	ロシア革命により帝政ロシア崩壊 ➡P74	
	アメリカ	ドイツに宣戦布告。WW1に連合国側で参戦 ➡P76	
	フィンランド	帝政ロシアからの独立を宣言 ➡P92	
1918	アメリカ	ウィルソン大統領の14ヶ条	
	ロシア	ドイツとブレスト=リトフスク条約を締結。ニコライ2世一家、処刑される ➡P75	米騒動が起きる
	ドイツ	ドイツ革命によりヴィルヘルム2世、オランダに亡命。同盟諸国も降伏 ➡P78	
	オーストリア	オーストリア=ハンガリー二重帝国崩壊。第一共和国成立 ➡P90	
	ハンガリー	オーストリアから独立 ➡P91	
	アイスランド	デンマークから独立 ➡P93	
		スペインかぜの世界的流行（～1919）➡P79	
1919	フランス	パリ講和会議 ➡P82 ヴェルサイユ条約 ➡P83	
	ドイツ	ワイマール憲法	
	リヒテンシュタイン	オーストリアとの関税同盟が終結	
1920		国際連盟が発足（～1946）	戦後恐慌が起きる ➡P89
1922	ロシア	ソヴィエト社会主義共和国連邦樹立宣言 ➡P88	
	エジプト	エジプト王国が成立	
1923	フランス	ルール占領 ➡P87	関東大震災
	ドイツ	ハイパーインフレ発生 ➡P85	
	リヒテンシュタイン	スイスと関税同盟を結ぶ ➡P68	
	トルコ	トルコ共和国が成立 ➡P91	

ヘタリア的

WW1こぼれ話①

〜ヨーロッパのロイヤルファミリー〜

WW1が始まったころ、イギリスとドイツ、ロシアのロイヤルファミリーはとても近い関係にあり、数奇な運命に翻弄されることになりました。

また、基本的に彼らの結婚相手は名門の家柄。オーストリア皇位継承者フランツ・フェルディナントの妻、ゾフィーは身分が低かったため、皇帝フランツ・ヨーゼフ1世に夫ともども冷たく扱われ大変苦労したそうです。

↑上で頑張っている皇帝はマリア・テレジアの長男、ヨーゼフ2世。WW1の頃のオーストリア皇帝、フランツ・ヨーゼフ1世の「ヨーゼフ」は彼にちなんだものだとか

帝政ロシアの王冠

WW1の中、帝政ロシアは革命の露と消えることになりました。イラストはフランス革命のころの女帝エカテリーナ2世の王冠です

ヴィクトリア女王

在位は1837〜1901年。イギリスの絶頂期の女王です。世界中にあるヴィクトリアという地名の多くは彼女の影響でついた名前です

WW1ごろの各国王家の血縁関係

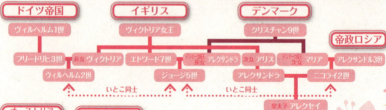

ドイツのヴィルヘルム2世とロシアのニコライ2世はお互いをウィリー、ニッキーと呼び合い、手紙をやり取りする間柄でした。また、ニコライ2世とイギリスのジョージ5世はよく似ていたことで有名です。
ヴィクトリア女王は母親（ヴィクトリア女王の長女）に冷たくした野心家な孫、ヴィルヘルム2世を嫌いました。一方、ニコライ2世には可愛がっていた孫娘のアレクサンドラを嫁がせました。もっともロシアの政情には不安を抱いており、その予感は的中することになります……。

第1章
WW1前

18世紀末からWW1の前の間に起きた大きな出来事を
ヘタリアのキャラクターたちが解説します！

18世紀末～20世紀初頭の出来事

（18世紀後半～1914）

18世紀末～19世紀にはイタリアやドイツの統一などさまざまな出来事がありました。
この時代に起きたことが複雑に絡み合い、1914年のWW1へとつながっていきます。

1789 フランス革命 →P30

1804 ナポレオンフランス皇帝に →P31

1814 ウィーン会議 →P32

1840 アヘン戦争 →P34

1866 普墺戦争 →P38

1861 イタリア王国成立 →P36

1853 クリミア戦争 →P46

1848 ウィーンやパリなどで革命 →P32

1870 普仏戦争 →P40

1871 ドイツ統一 →P41

1882 三国同盟 →P50

1896 第1回近代オリンピック →P43

1914 サラエヴォ事件 →P52

1907 三国協商 →P50

1904 日露戦争 →P48

1902 日英同盟 →P44

1914 WW1 →次章P57へ

——1815年当時のドイツ＆イタリア——

←太線で囲まれた部分が後のドイツ帝国の領土。この中にはプロイセン以外にもザクセン王国やバイエルン王国など、多くの国——プロイセンと同じ、ドイツのお兄さんたち——が存在していました。

→太線で囲まれた部分が後のイタリア王国の領土。北部のサルデーニャ王国が統一の中心になりますが、両シチリア王国など、他にもいろいろな国がありました。ちなみにこの頃のヴェネツィア周辺はオーストリア領でした。

フランス革命とナポレオンの活躍
（1789〜1815）

ときは18世紀後半。イギリスで産業革命が始まり、アメリカは自由を求めて独立と世間はにぎわしくなっていました。そんな流れに遅れ気味だったフランスですが……？

政府の莫大な借金が原因
↓
1789 フランス革命
↓
（盛大な内輪もめ）

ナポレオンの台頭、1804に皇帝に即位

アメリカ独立革命の影響で
アントワネット王妃は
関係ない…

市民は貴族に復活
されたくなかった！

フランス革命 ～絶対王政の終わり～

▶ 原作4巻 P33参照

人間の自由を求める考えが広まっていたこの時代、ロシアやプロイセンでも君主がこの考え方に基づき社会の発展のために頑張っていました。が、フランスではまだ国王の力がとても強く市民は置いてけぼり。しかも当時のフランスの台所は火の車で……。理不尽な増税に怒った人々は1789年、ついに革命を起こします。

コラム【マリー・アントワネット】

ルイ16世に嫁いだマリー・アントワネットはオーストリアのマリア・テレジアの末娘。彼女の浪費癖は市民に憎まれましたが、フランスのお金がなくなった最大の理由は夫であるルイ16世のアメリカ独立戦争への援助でした。

当時、うちに彼女の姉がいて革命にすごく怒ってたな……

←当時のフランスではカフェが流行。深夜営業もしていて、人々はコーヒーを飲みつつ革命の相談をしていたとか

ナポレオン、ヨーロッパを席巻！

▶ 原作1巻 P56、
原作6巻 P68参照

この戦いの中で神聖ローマ帝国は解散しました……

うちのルイーゼ王妃はナポレオンと張り合ったぜ

ジャンヌ・ダルクの名前が復活したのもこの頃なんだ

フランス革命が過激になるにつれオーストリアやイギリス、プロイセンはフランスを警戒し始め、ついに戦争が始まってしまいます。フランスが大ピンチなときに軍を率いて大活躍したのがナポレオン。彼は瞬く間にヨーロッパを征服していきました。

→ナポレオンはかつての女のジャンヌ・ダルクのような救国の英雄になろうとしました

↑この時代のフランスには、暴れん坊なプロイセンも歯が立ちませんでした

ナポレオンの失脚、セントヘレナ島への流刑

▶ 原作1巻 P57参照

ナポレオンは下級貴族出身でありながら皇帝に上りつめます。が、ロシア遠征で冬将軍に撃退されたのが運の尽き。最終的に連合軍に敗れたナポレオンはセントヘレナ島に流されました。このナポレオンの大暴れはドイツなどの民族意識を高めました。

アフリカ大陸
セントヘレナ島
南米大陸
大西洋

セントヘレナ島はイギリス領だ

←最終決戦、ワーテルローの戦い。イギリス軍は落とし穴でフランス軍を翻弄しました

ウィーン体制とその崩壊

(1814〜1848)

革命で上司（国王）が倒されたり、叩き上げの皇帝が出てきたりとフランス発の大騒ぎで
大変だったヨーロッパ。激しいのはもうこりごりとウィーン体制が作られましたが？

1848年
①フランス2月革命
ウィーン3月革命

崩壊

貴族の代表
①メッテルニヒが
こしらえた

ウィーン体制

メッテルニヒ追放
フランツ・ヨーゼフ1世即位

→イギリス、フランス
民主主義の
改革

→中・東欧
民族の自立

→ドイツや
イタリア統一

→産業革命
広まる

貴族による保守的な政治の強化

▶ 原作4巻
P83参照

　19世紀初頭のナポレオン戦争後、オーストリア、ロシア、フランスなどの首脳がオーストリアの首都、ウィーンに集まり話し合いました（1814〜1815のウィーン会議）。議長はオーストリア外相、伯爵家の

メッテルニヒ。彼はヨーロッパをフランス革命（1789）以前の状態に戻そう※としました。彼が主導した各国のお付き合い関係がウィーン体制です。これによりヨーロッパは落ち着きを取り戻しますが……。

 ウィーン会議は話がなかなかまとまらなかったことで有名なんだ

 舞踏会ばかりしていて「会議は踊る、されど進まず」と皮肉られましたね

 ウィーン会議ではオーストリアやプロイセンなど39カ国で「ドイツ連邦」が結成されたぞ

※当時の王侯貴族は人々を統べる権利を神から与えられたものと考えていました。なので市民による国王の処刑や下級貴族あがりの皇帝などは、メッテルニヒをはじめとした旧来の貴族には受け入れ難いものでした。

←外交官としてとても優秀だったメッテルニヒ。美男子で女性にもモテたとか

あちこちで騒ぎが起きた1848年

1848年2月、フランスで上流階級寄りの政治を行っていた国王ルイ・フィリップに対し、市民がたまりかねて怒りの声を上げました。これがフランス2月革命です。このニュースはヨーロッパ中に駆け巡り、イタリアやドイツなど各地で騒ぎが勃発。1848年は「動乱の年」となりました。

> **コラム　【共産党宣言】**
> マルクスとエンゲルスの「共産党宣言」が出版されたのも1848年。この時代、産業革命で労働者が増えましたが待遇がひどいことも多く、搾取のない社会をめざす思想も高まっていきます。

2月革命以降、フランスに王はいないんだ……皇帝は出たけど

この年、ウィーンやベルリンでも暴動が発生しました

俺のところも共和国を作ったけどフランスのヤローに降伏したんだよな……

追放されたメッテルニヒ（ウィーン3月革命）

▶ 原作4巻 P83参照

→どさくさに紛れて嫌いなメッテルニヒを追い出した肝っ玉母ちゃん、ゾフィー大公妃

いまメッテルニヒと言いましたか？メッテルニヒと！
やはり国民もメッテルニヒを不要と感じていますよね！？

フランスの影響でウィーンでも学生や労働者がデモを起こしました。うっぷん晴らし程度の目的だったのですが、貴族の親玉的存在だったメッテルニヒが槍玉にあげられます。結果、彼は女装して官邸を脱出し、イギリスへ亡命。革命はぐだぐだに終わりましたが、ウィーン体制は崩壊しました。

> **コラム　【フランツ・ヨーゼフ1世】**
> フランツ・ヨーゼフはゾフィー大公妃の長男。母の尽力で1848年、18歳でオーストリア帝国皇帝になりました。そして彼こそが、帝国の実質的な最後の皇帝となるのです――。

←在位は68年！家だったことでも有名　倹約
こら！何歳になっても一人で使える下着すら作れるようになっていないとは！どうやって生活をしようというのですか
フランツ、ごきげんよう母上我慢しながら生きていきます

日本の夜明け前
（1840〜1853）

ヨーロッパがすったもんだしている頃、日本は引きこもっていました（鎖国）。
しかし、そんな日本にイギリスやロシア、アメリカが興味を持ち始めて……？

1840 アヘン戦争

ヨーロッパ各国の
中国進出が盛んになる
↓
日本も注目されることに

アメリカ　帝政ロシア
イギリス　フランス
日本
清　　オランダ

江戸時代末期、日本に迫る国々

▶ 原作4巻
P86参照

　アヘン戦争（1840）で清（中国）がイギ
リスに敗れたという報せをオランダから伝
えられた日本は大いにびびりました。しか
もイギリスの次の狙いは日本という噂が!?
さらにこの頃、ロシアやフランスの船も
次々と日本に来航していました。それでも
鎖国を続ける日本でしたが……。

この時代、僕の家はどん
どん東に広がって日本君
と隣同士になっていたよ

ロシアさんとは、19世紀
の初頭に北海道でもめま
したね。このときは平穏
に解決したのですが……

俺も船の補給のために
日本に興味があったんだ

←オランダはヨーロッパで唯一、当時
の日本と付き合いがあり、別段風説書
でアヘン戦争のことを伝えていました

オランダからの忠告 〜国王の親書〜

▶原作4巻 P88参照

1830年にウチが独立したもんだから、お兄ちゃんのところはこの時期、財布がかなり苦しく(※)なってたんよね

できたら日本とは、この機会にもっと商売できるようになりたかったんだがのー。結局、アメリカに先を越されたわ

※ベルギーから得ていた税収が失われたため

➡外国からしょっちゅう船がやってくるようになり、日本もこのままではダメだと分かってはいたのですが……

日本と欧米諸国がケンカをしても、オランダには一文の得にもなりません。そこで1844年、オランダの上司(国王ウィレム2世)は日本が危険な状況であることを知らせ、開国を勧める手紙を送ります。

すまんかった 焦りすぎたわ じっくり話しよっか

す…すいません 私こそ「開」の言葉に敏感になってしまって…

そしてしぶしぶ開国へ……

▶原作2巻 P78参照

その後、イギリスとロシアの日本への興味はクリミア戦争(1853)が起きて薄れました。その隙に日本に乗り込んで開国させたのがアメリカ。オランダが前の年にアメリカのことを日本に教えていましたが、日本は何も手を打てず押し切られました。

コラム 【黒船来航】

1853年、ペリー提督が率いるアメリカの黒船艦隊が日本の浦賀に来航しました。翌年、再びやってきた彼と日本は日米和親条約を結びます。こうして200年以上続いた鎖国は終わり、日本はオランダ以外の西洋の国々とも交流を始めることになります。

浮世絵風ペリー

ハロー！アメリカだぜ！今日は新しい友達日本に！アメリカンなゲームを教えに来たぜー！

←アメリカに続いてイギリスやフランス、プロイセンなども日本にやってきてさまざまな技術や文化を伝えました

イタリアの統一
(1831〜1870)

ナポレオンに征服されたと思ったら、ウィーン体制でまたオーストリアのお世話になることになったイタリア。そろそろ国としてちゃんとしようと考えますが……?

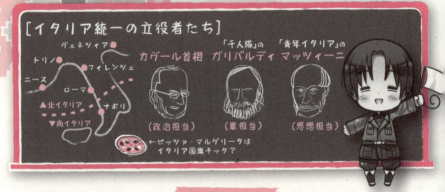

[イタリア統一の立役者たち]

ヴェネツィア
トリノ
フィレンツェ
ニース
ローマ
▲北イタリア　ナポリ
▼南イタリア

「千人隊」の　「青年イタリア」の
カヴール首相　ガリバルディ　マッツィーニ

（政治担当）　（軍担当）　（思想担当）

←ピッツァ・マルゲリータは
イタリア国旗チック?

リソルジメント（イタリア統一運動）の流れ
▶原作1巻 P38参照

[イタリア王国成立まで]

1831年、マッツィーニが青年イタリアを結成。イタリア統一を唱える

1855年、サルデーニャ王国がクリミア戦争に参戦

1859年、サルデーニャ王国・フランス同盟がオーストリアと戦う

1860年、ガリバルディがナポリを制圧。征服した地をサルデーニャに献上

1861年、イタリア王国成立

思わぬ成り行きでイタリア南部も統一されたのでした

俺が北半分で兄ちゃんは南分 俺たちは別々に支配されてたから

兄ちゃんはスペインの兄ちゃんといった制の方が長かった時の方が長いんだけど ドイツに挨拶して 今は兄ちゃんもドイツに挨拶して

ゴール?

イタリア統一の中心となったのはトリノが首都のサルデーニャ王国。首相のカヴールはオーストリアと戦い、北部に統一王国を作ろうとします。が、仲間のフランスがさっさと戦いから抜けたり独自勢力のガリバルディがナポリを制圧したりで、予定とはかなり違うイタリア統一になりました。

イタリアに協力するかわりにお兄さんはニースとサヴォワを譲ってもらったぞ

北東部はまだオーストリアさんのものだったんだよね

フランスのやろう、先に自分だけ戦いをやめやがって……

ヴェネツィアとローマをゲットせよ！

―ヴェネツィアの場合・1866年―

オーストリアさんがプロイセンに押されてる!?　よし、プロイセンを応援しよう。やー―！

くっ、こうなっては仕方がないですね……。ヴェネツィアはイタリアに引き渡すとしましょう

統一後もまだ、ヴェネツィアがあるヴェネト地方はオーストリア領でした。ローマも、ローマ教皇のお膝元として併合を拒否。ですが普墺戦争や普仏戦争に乗じて見事に

― ローマの場合・1870年 ―

お…お兄さん、プロイセンにやられて大ピンチ！ローマにいる兵隊も呼び戻さないと……

あれ、ローマからフランス兄ちゃんがいなくなった？　今だ、ローマに進軍しちゃえー。やー―！

※当時、ローマはフランス軍に守られていました。

イタリアがゲットします。が、南チロルなどいくつかのイタリア語を話す地方がオーストリア領として残されていて、それらは「未回収のイタリア」と呼ばれました。

南イタリアの不満 ～統一はしたけれど～

工業が発達していたイケイケの北部に比べて、南イタリアは貧しい地域でした。そのためこの時代、多くの人々が豊かさを求めてアメリカなどへ移民していきました。統一が半ば成り行きだったのでかつての支配者スペイン・ブルボン家の復活を望む人々も多く、政府はそうした人々の反発に手を焼くことに……。

イタリアの南部と北部の格差は、21世紀になっても完全に解決されていない問題なんだよ

南イタリアからアメリカに渡った人の中には靴で有名なサルヴァトーレ・フェラガモもいるぞ

食コラム【ピッツァ・マルゲリータ】

ナポリの名物ピッツァ・マルゲリータは赤いトマトソースに白いチーズ、緑のバジリコがイタリアの三色旗のよう。2代目イタリア国王の妃マルゲリータが気に入り、彼女の名前がついたそうです。

普墺戦争
ふ　おう

(1866)

イタリア王国の成立に刺激されて、細かい国がたくさん集まっていたドイツ地方でも統一への動きが高まります。問題は誰がリーダーシップを取るかで……!?

◆プロイセン
・プロテスタント
・オランダやイギリスと関係
・新しい国

◆オーストリア
・カトリック
・イタリアやスペインと関係
・神聖ローマ以来の伝統

ドイツ統一の盟主はどっちだ!?

普墺戦争

※イタリアも参戦したよ！

→ **WIN!** プロイセン、北ドイツ連邦の盟主に

→ **LOSE…** オーストリアはハンガリーと帝国を築く

ドイツ統一をめぐって因縁の2国が対決！

▶原作4巻 P79参照

当時のドイツを統一するうえで問題になったのはオーストリアを含むかどうか。オーストリアの領土にはハンガリーなど、ドイツとは異なる国も含まれていたからです。おまけにライバルのプロイセンはオーストリアが大嫌い。かくて主導権争いから両国は1866年に戦争に。結果、オーストリアはドイツに入れないことになります（※）……。

もともと仲の悪かったオーストリアとプロイセン

プロイセンを気絶します！

フランスとロシアと手を組み…！

↑18世紀の女帝マリア・テレジアの時代からオーストリアとプロイセンは犬猿の仲！

1864年のデンマーク戦争ではオーストリアと手を組んだが、1866年の普墺戦争では7週間でオーストリアをコテンパンにしたぜ！

まったく貴方は……。そもそも、宗教も歴史も違う私とプロイセンがいっしょにやっていくのは無理があったんですよね

俺はプロイセンを応援してヴェネツィアをもらったよー♪

イタちゃんったら。でも私はオーストリアさんと共にいます！

※代わりにオーストリアはハンガリーとオーストリア＝ハンガリー帝国を作りました。ハプスブルク家のフランツ・ヨーゼフ1世がオーストリア皇帝とハンガリー国王を兼ねていました。

プロイセンーの策略家・宰相ビスマルク

この時代のプロイセンを支えたのが名宰相ビスマルク。彼のもとでプロイセンはモリモリと力をつけ、ドイツ統一へ突き進んでいきます。国王ヴィルヘルム1世は、軍人になるのが嫌で政治家になったというビスマルクがあまり好きではなかったようですが、彼の能力は信頼していました。

 ビスマルクはドイツ統一の立役者ってヤツだな

 彼は当時の日本の政治家にも強い影響を与えたぞ

 ビスマルクはとても卵が好きな人だったんだよ

コラム 【そのころ日本とプロイセンは…】

 日本、俺「たち」と条約を結びやがれ!

 プロイセンさんとなら構いませんが……?

 俺たちドイツ39カ国まとめてだぞ!

え、39カ国? え? え?

1861年(幕末頃)、プロイセンは日本と修好通商条約を結びました。使節団は当時のドイツ連邦の39国家の代表として来ていたのですが、日本に「1国どころか39カ国?」とツッコまれ、彼らもドイツのややこしい状況を説明できず、結局プロイセンのみとの条約になりました。

負けたオーストリアを慰めた(?)音楽

また私は仲間はずれですか!

勝手に御続なさいこの馬鹿馬鹿お馬鹿っ!

↑プロイセンに負けて激しく落ち込むオーストリア

オーストリアの第二の国歌とも言われる『美しく青きドナウ』は、ヨハン・シュトラウス2世が普墺戦争に敗れた祖国を元気づけようと作った曲です。彼の歌劇『こうもり』では敵役がプロイセンを象徴しています。美しい音楽でウィーンの人々は憂さを晴らしたのかもしれませんね。

私がどれだけ怒っているか今からピアノで表現します

よしやってみろ

→国力は衰えても音楽や美術は華やかに発展しました

 『美しく青きドナウ』は、もとは合唱曲なんです

 歌劇『こうもり』にはハンガリーの貴婦人も出るのよ

普仏戦争
（1870〜1871）

ライバルのオーストリアを追い出し、ドイツのリーダーとなったプロイセン。しかし完全な統一を果たすにはもうひと押しが欲しいところ。次の踏み台に選ばれたのは……？

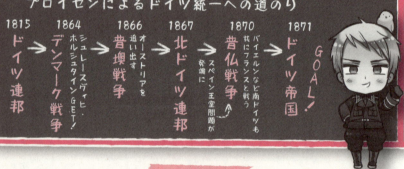

プロイセンによるドイツ統一への道のり

1815 ドイツ連邦 → 1864 デンマーク戦争 シュレースヴィヒ・ホルシュタインG.E.T.！ → 1866 普墺戦争 オーストリアを追い出す → 1867 北ドイツ連邦 スペイン王室問題が発端に → 1870 普仏戦争 バイエルンなど南ドイツも共にフランスと戦う → 1871 ドイツ帝国 GOAL！

ドイツ統一の仕上げとなった戦い

▶ 原作6巻 P66参照

−1870年のある日−

　乗り気じゃねぇが、ウチの上司がスペインを助けるってよー

　ちょっと待て！　もしスペインとプロイセンが組んだらお兄さんはさみ撃ち！　絶対認めないからね！

　チッ、仕方ねーな。てかフランスのヤツしつこくギャーギャーと………これってもしかして使えるんじゃね？

　プロイセンはドイツ統一にはフランスとの戦いが必要だと考えていました。かつてナポレオンに征服されたお返しです。そんなときにスペイン王家が途絶え、プロイセンのホーエンツォレルン家から王を迎える話が出ました。むろんフランスは大反対。が、フランスの反対が度を過ぎて最終的には普仏戦争になってしまいます――。

↑普仏戦争ではドイツ全体がプロイセンのもとに結集してフランスと戦いました。戦いはおよそ10ヶ月続き、プロイセンが勝利します

戦争のきっかけとなった「エムス電報事件」

フランスはプロイセンが辞退したにも関わらず、今回だけでなく将来もスペイン王家にホーエンツォレルン家から王位候補者を出すなと言い出します。さすがにムカつくプロイセン。この話を電報で聞いたプロイセンの宰相ビスマルクは、話をオーバーにして新聞で公表します。ビスマルクの狙いは両国の感情を煽って戦争へ仕向けること。彼の狙いは的中し普仏戦争が始まります。

このときオーストリアさんはフランスさんの味方にならなかったんですか

プロイセンは嫌いでしたが……フランスとはちょっと…

このころ、うちの上司がオーストリア相手に大ポカしちゃったんだよね……

コラム 【フランスの上司がポカをしたメキシコ遠征の悲劇】

1864年、フランスのナポレオン3世はメキシコを支配しようとオーストリア皇帝フランツ・ヨーゼフ1世の弟マクシミリアンをメキシコ皇帝にします。が、地元の反発は強くフランスは撤退。見捨てられたマクシミリアンは1867年に処刑されました。

ヴェルサイユ宮殿でドイツ帝国が成立

ふぅ、ようやく統一が完成したぜ！

お疲れ様だったな、兄さん

おう、あとはまかせたぞ！

この恨み、忘れないんだからっ！

ドイツ帝国
現在のドイツ

10ヶ月の戦いの末、パリは陥落。当時の皇帝、ナポレオン3世も捕虜になってしまいます。周到に戦いの準備をしていたプロイセンに対し、オーストリアなどの協力を得られなかったフランスはなす術もなく敗れたのでした。そしてヴェルサイユ宮殿の鏡の間でドイツ帝国の成立が宣言され、プロイセンによるドイツの統一が完成します。……が、さすがにヴェルサイユ宮殿はまずかった。このときの屈辱はフランスのトラウマとなり、ドイツはWW1後に手痛いしっぺ返しを受けることになります。

フランスの変遷・近代編
(1789〜20世紀初頭)

1789年のフランス革命以来、ヨーロッパの大騒ぎの中心的存在だったフランス。
19世紀はいろいろと揺れ動いた、熱く激しい時代でしたが……？

1789	1799	1804	1814	1830	1848	1851	1875	1914
フランス革命 →	第一共和制 →	第一帝政 →	フランス王政復古 →	七月王政 →	第二共和制 →	第二帝政 →	第三共和制 →	WW1へ…

ナポレオン

↑普仏戦争
↓ナポレオン3世

めまぐるしく変わったフランスの政治

▶ 原作1巻 P56、原作4巻 P82参照

王政や帝政が現れては消えていったフランスの19世紀。中でも第二帝政の時代に君臨したナポレオンの甥のナポレオン3世は国内でも国外でも存在感を示しました。が、最終的には普仏戦争でドイツに敗れ、フランスは再び共和制に落ち着きます。

コラム 【ナポレオン3世】

ナポレオンの弟の息子。パリを現在のように改造したり植民地を増やしたりと頑張りましたが、普仏戦争後にイギリスに亡命しました。

↑ナポレオンが活躍した第一帝政時代。フランスがもっとも輝いていた時代のひとつ？

それにあのお方がいるじゃないか

俺には

我が辞書に不可能はない！

突撃っ—！

↓ウィーンと違いパリは派手な争乱に。成立した第二共和制ではナポレオン3世が台頭します

1848年…

フランスで革命が起こって共和制になったそうですね！

お下品ですね じゃあ我々も上品にやってみましょうか

近代五輪を提唱したクーベルタン男爵

▶原作2巻 P69参照

オリンピックは出場者全員男でしかも裸様だった

なんだその素敵な祭り最高じゃないか

↑古代と違い、ちゃんと服を来て競技をしました。なお、第1回では男性のみが参加。古代オリンピック同様に女子禁制の大会でした

普仏戦争でプロイセンに敗れたフランスを元気づけたいと思っていたピエール・ド・クーベルタン男爵。ギリシャの発掘がブームになっていたこともあり、彼は古代オリンピックの復活を思いつきます。彼の努力で1896年春、ギリシャのアテネで第1回近代オリンピックが開かれました。

コラム 【第1回オリンピック競技】

第1回オリンピックの水泳は海で行われました。水温が低く大変だったとか!? 陸上競技のトラックは現在より直線が長くコーナーのカーブがキツかったそうです。

あのイギリスと和解!?「ファショダ事件」

アフリカで横に勢力を伸ばしていたフランスと、縦に伸ばしていたイギリスがぶつかったのが1898年のファショダ事件。ファショダで両者が出会い、争いになりかけました。イギリスとは永遠のライバルであるフランスですが、このときはイギリスに譲りました。この事件がきっかけで、フランスとイギリスは(前よりは)仲良くなります。

―アフリカにて―

 フランスか……どうする？ やるか？

……やめとく。お兄さん、今はドイツの相手もしないとならないんでね

 そうか……。お前も苦労してるな……

英
仏
ファショダ
英

アフリカ大陸

↑この頃、イギリスとフランスがアフリカで勢力を伸ばしていました。ちなみに、イタリアやドイツもちょっかいを出そうとしていました

日英同盟

(1902)

ナポレオン戦争のあとはヨーロッパの騒ぎと距離を置いてきたイギリス。
しかし20世紀を迎え、そろそろ「栄光ある孤立」と言っていられなくなってきて!?

イギリスの悩み

「栄光ある孤立」はいいけれど…

- アフリカで→フランスと対立
- 中央アジアで→ロシアと対立
- 中国で→ロシア＆ドイツと対立

誰か…特に **ロシアを押さえる仲間** がほしい！

×—中国
インド
アフリカ

極東の利益のため、ぼっち2国が手を組んだ？

▶ 原作2巻 P116参照

ヨーロッパでのごたごたより海外植民地の世話にいそしんでいたイギリスですが、いつの間にか中国(清)でのロシアの脅威が深刻になってきました。このままではインドにも手を出しそうな勢いです。一方、日本もロシアが迫ってくる気配をひしひしと感じていました。かくて1902年、イギリスと日本は同盟を結びます。

> ドイツはロシアともめるのを嫌がるし、アメリカは中立にこだわるし……

> フランスさんもロシアさんと仲が良かったし、残ったのが私だったんですね

コラム 【義和団事件（北清事変）】

1900年に中国で起きた動乱(外国の影響を排斥する運動)。各国の連合軍が鎮圧しましたが、このとき日本の軍の規律の正しさがイギリスの目に留まったのも日英同盟の足がかりとなりました。

また何か俺変なことしたかな…

日本文化難しいと思ったイギリスだった

↑幕末以来、わりと日本と付き合いのあったイギリスですが同盟を組むのは初めてでした

ボーア戦争 ～イギリスの事情～

　イギリスが同盟相手を探した理由のひとつが1899年に起きたボーア戦争。南アフリカに向かったイギリス人と現地のオランダ系白人の争いで、イギリスはこちらに戦力を費やしました。ちなみに小説『シャーロック・ホームズ』の著者であるコナン・ドイルもこの戦争に従軍したそうです。

（アフリカ大陸）

南アフリカには現地の人に加え、オランダからの移民（ボーア人）も住んでいました

コラム　【南アフリカのビッグホール】

南アフリカにあるビッグホールはかつてのダイヤモンドの採掘場（1914年に閉山）。現在は穴に地下水や雨水が溜まって湖のようになっています。この土地でダイヤモンドが見つかったことがボーア戦争のきっかけになりました。

ロシアの南下が怖すぎて… ～日本の状況～

僕が中国君に押しかけたのが日本君にとってすごくプレッシャーになったんだね

俺も上海とかあったから、ロシアが中国に来るのは嫌だったんだよな

イギリスさんと組むよりロシアさんと仲良くしようという意見の人もいました

ロシアの鉄道建設には、同盟を結んでいたお兄さんがたくさんお金を出したぞ

　1900年の義和団事件ではロシアも軍を出したのですが、他国が引き上げたあともロシアだけは軍を中国北東部に残し、事実上占領してしまいます。シベリア鉄道もどんどん東へ伸びてくるし、このままでは日本も危ないかも……。そんなとき、日本はイギリスに声をかけられたのでした。

コラム　【東清鉄道】

東清鉄道はロシアのシベリア鉄道から分岐して中国東北部を通り抜けて行く路線です。ロシアはこの鉄道を争乱から守るという口実で中国に堂々と居残りました。

オーストリア先生の特別講義 ①

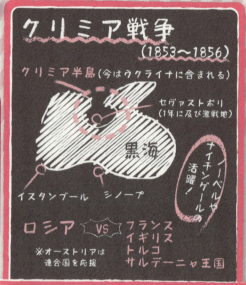

クリミア戦争 (1853〜1856)

クリミア半島（今はウクライナに含まれる）

セヴァストポリ
（1年に及ぶ激戦地）

黒海

ナイチンゲール活躍！

イスタンブール　シノープ

ロシア VS **フランス イギリス トルコ サルデーニャ王国**

※オーストリアは
連合国を応援

クリミア戦争は暖かい場所へ家を広げたいと思っていたロシアが、当時あまり元気がなかったトルコと、クリミア半島などで起こしたケンカです。これが思わぬ大戦争になって!?

トルコを舞台にロシアとフランスたちが対決！

発端はオスマン帝国（トルコ）が領内のキリスト教徒の保護権をフランスにも与えたこと。正教徒の保護権を認められていたロシアが怒りトルコ領地へ侵入しました。が、黒海沿岸のシノープでトルコをボコボコにし過ぎ、これはひどいと英仏やサルデーニャ王国（イタリアの前身）が参戦。結局、勝者のないまま戦いは終わりました。

ロシア

トルコ

ヨーロッパ&ロシア地図

拡大図：クリミア半島

黒海

クリミア半島を取れなかったな。僕も産業革命しなきゃ！

お兄さんやサルデーニャは国の威信が高まったぞ♪

このあたりは宗教や民族が入り組んでいて争いになりやすかったんだ

"白衣の天使"ナイチンゲールの活躍

俺も親切なお姉さんに看病されたかったな〜♥

ナイチンゲールは頭が良くてタフな人だったんだ

そうなの？ すごく優しいイメージがあるけど

無能な軍司令部と堂々とやりあった女性だぞ

クリミア戦争では、イギリス人のフローレンス・ナイチンゲールが看護婦として従軍しました。その献身的で精力的な働きぶりから負傷兵たちに「クリミアの天使」と呼ばれていたそうですが、本人はそうした優しい（甘い？）イメージをあまり好まなかったようです。

> **オマケ** そのころ日本は…
>
> 1853年といえば、アメリカからペリーの黒船が日本の浦賀にやってきた年。当時のヨーロッパ諸国はクリミア戦争で忙しかったため、アメリカに先を越されたのでした。

ノーベルとシュリーマンの「クリミア戦争」

▶原作2巻 P69参照

クリミア戦争では機雷が兵器として初めて使用されました。ダイナマイトを発明したスウェーデン人、ノーベルの父親が機雷をロシアのために造っています。1870年からトルコでトロイ遺跡を発掘したプロイセン出身のシュリーマンも、クリミア戦争でロシアに兵器を売って大儲けしました。

ノーベルさんは戦後、ロシアから母国に戻ったよ

そっちの上司が金を払わねぇから破産したっしょ

シュリーマンは戦中の稼ぎを発掘資金にしたんだ

1865年、彼は日本に旅行に来たこともあります

➡ギリシャの遺跡の発見は当時、人々の古代への興味を取り立てました

オーストリア先生の特別講義②

日露戦争は南下しようとするロシアと、それを防ぎたい日本の戦いでした。実のところ、世界中の誰もがロシアが勝つと思っていましたが日本も大奮闘。さて、その結末は……

日露戦争 (1904)

英 米 ← → 仏 独

同盟 日 VS 露 同盟

ロシア
モスクワ
ウラジオストク
日本
アフリカ

･･･シベリア鉄道
―バルチック艦隊航路

バルチック艦隊主力の航路＆シベリア鉄道

中国で日本とロシアが大激突!!

1894年の日清戦争以来、中国はイギリスやドイツなどに次々に押しかけられていました。中でも大胆だったのがロシアで、中国東北部にどっかり居座ります。このままでは我が家も危ないと考えた日本。1904年、ついに日露戦争が勃発します。もともと戦力で勝ち目のない日本は短期決戦を挑みますが!?

ロシアさん、あまり南に来られると怖いのですが……

大丈夫だよ、僕と日本君じゃ戦いになるわけないし♪

おーい日本、ロシアとやる気なら応援するぞー

コラム 【松山のロシア兵捕虜収容所】

日露戦争では多くのロシア兵が捕虜として日本にやってきました。特に有名なのが愛媛県松山市にある収容所で、ピークには4000人の捕虜が松山にいたとか。捕虜とはいえ自由な時間もあり、道後温泉で入浴したり遠足に行くこともあったそうです。

←日本でも左のコマのようなことがあったとか!?

天国はドイツにあったんだ!

ドイツといい、パンもお酒もあるし、床もお風呂も風呂も入ってこい! うるさい小言もない!

かっけと壊血病(かいけつびょう)のチキンレースだった日露戦争!?

　日露戦争で日本とロシアを悩ませたのが栄養不足。日本はビタミンB1不足でかっけになり、ロシアはビタミンC不足で壊血病に……。でも実は、ロシアの食糧倉庫には中国産の大豆がたくさんありました。もし大豆からモヤシを栽培していればビタミンCを摂れてもっと有利に戦えたかも!?

どうしたの日本君、足もとがフラついてるよ……

ロ、ロシアさんこそ歯ぐきから血が出てますよ?

HAHA! 2人とも調子が悪そうだが、どうしたんだい?

日露戦争には、お兄さんやドイツも注目していたぞ

大豆に水を与えれば芽が出てモヤシになるある。モヤシにはビタミンCがたっぷりあるよ

最終決戦 日本海海戦!

ハアハア、やっと日本君の家に着いた…

肉を切らせて骨を断つ!いきますよ、東郷ターン!!

　ロシア皇帝ニコライ2世が誇るバルチック艦隊はロシア最強! でも日本と同盟を結んでいるイギリスの嫌がらせで日本に着くまで7ヶ月もかかりました。疲れ果てたバルチック艦隊に日本海で圧勝した日本は今がチャンスとアメリカの口添えでロシアに仲直りを提案します。……これ以上の戦いは日本も財布がもたなかったのでした。

敵前大回頭!　日本艦隊　バルチック艦隊

※日本艦隊はターンすることでバルチック艦隊の進行方向を押さえ、大砲の集中攻撃を加えました。ただしターン中は無防備という危険な戦法でもありました。

コラム 【ニコライ2世】

帝政ロシア最後の皇帝。優柔不断な人物で、結果として彼の時代に日露戦争やWW1が起き、ロシアは革命へと向かっていきます。

オーストリア先生の特別講義 ③

19世紀末から20世紀にかけて、ヨーロッパの国同士でさまざまな約束が結ばれました。さらにあちこちで対立が起き、ヨーロッパはにわかにキナ臭くなっていきます……

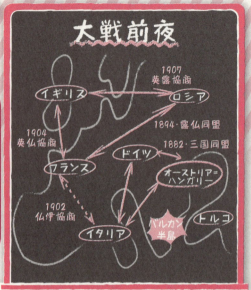

大戦前夜

イギリス
1907 英露協商
ロシア
1904 英仏協商
1894・露仏同盟
1882・三国同盟
フランス
ドイツ
オーストリア＝ハンガリー
1902 仏伊協商
イタリア
バルカン半島
トルコ

「三国協商」 VS 「三国同盟」

この時代の少し前、ドイツは徹底的にフランスがぼっちになるよう仕向けていました。普仏戦争の仕返しを警戒したのです。ですが戦争の記憶も薄れた頃、フランスはロシアやイギリスと手を組むことに。一方ドイツもオーストリア＝ハンガリー帝国やイタリアと同盟を結びます。こうしてヨーロッパは2つの勢力に分かれました。

コラム 【ヴィルヘルム2世】

ドイツ帝国3代目皇帝。宰相ビスマルクを引退させ、海外へ打って出る冒険的な政策を行います。その結果、ドイツは孤立していくことに。

 すみません、「同盟」と「協商」の違いとは……？

 同盟だと、軍事的なことも含む関係になるな

 実際にはあまり変わりないと思っていいでしょう

 この頃の俺はフランス兄ちゃんも気になってたなー

 ………なんだと

イギリスとドイツの建艦競争

　1898年、ドイツは皇帝ヴィルヘルム2世の指導のもと、軍艦を造る計画を次々に発表。海軍力の強化を宣言しました。これにびっくりしたのが、当時最強の海軍を持っていたイギリス。負けてはならじと強力な軍艦を造り始めます。かくて、両国の仲は決定的に悪くなったのでした。

ドイツのヤツ……海で俺にケンカを売るつもりなら、受けて立つぜ！

むう、ドレッドノートを完成させたか。だが俺も負けてはいないぞ

でもドレッドノートが革新的すぎて、他の艦が旧式になってしまったな……

↑1906年に完成したイギリスの弩級戦艦・ドレッドノート。

オスマン帝国の衰退とバルカン半島

▶原作3巻 P65参照

　ギリシャやブルガリアがあるバルカン半島は民族や宗教が複雑。この地域をまとめてきたオスマン帝国の力がしぼんだ19世紀には多くの国が独立しました。さらにオーストリアやロシアもちょっかいを出し始め、結果としてここがWW1の火種になります。

さぁさぁヨーロッパの奴らの荒肝ぶち抜いてやろうじゃねぇか！

↑強大なオスマン帝国の支配で、17世紀末ぐらいまでバルカン半島は落ち着いていました。一時はウィーンを包囲する勢いだったオスマン帝国ですが、18世紀にはロシアとの争いなどで力を失っていきます

バルカン半島はキリスト教やイスラム教が入り乱れているんだぜ

ギリシャ……は1829年……オスマン帝国から独立を認められた…

オーストリア先生の特別講義 ④

6月の銃声と7月の危機、そして8月の砲声 (1914)

1914 06.28 オーストリア大公夫妻 サラエヴォで暗殺 (夫妻の結婚記念日 & セルビアの国恥記念日)	07.28 オーストリア、セルビアに 宣戦布告
↓	↓
	07.29〜30 ロシアで総動員令
07.05 オーストリア、 ドイツに開戦を打診 ドイツはオーストリアに 支持を約束した	08.01 ドイツ、ロシアに宣戦布告
↓	↓
	08.03 ドイツ、フランスに宣戦布告
↓	↓
07.23 オーストリア、セルビアに 最後通牒	08.04 イギリス、ドイツに宣戦布告

英独がにらみ合い、日露戦争に敗れたロシアは極東からバルカン半島へ目を向け、フランスはロシアと同盟して……そんな危ういヨーロッパで1914年の夏に起きた事件とは?

「サラエヴォ事件」とオーストリアの思惑

1914年6月28日。オーストリアのフェルディナント大公（皇太子※）と妻のゾフィーは訪問先の都市、サラエヴォでセルビアの青年テロリストの凶弾に倒れました。この事件を口実に、オーストリアは前から嫌いだったセルビアに攻め込もうとしますが!?

コラム【フランツ・フェルディナント大公】

来日したこともあるオーストリアの皇位継承者。皇帝フランツ・ヨーゼフ1世の反対を押し切って身分の低いゾフィーと結婚しました。

 セルビアと戦うにはドイツの協力が必要ですね

皇太子の暗殺とは……それは許し難いな!

 でも、あまり騒ぎを大きくしないでくださいよ

オーストリアさんもドイツも大丈夫かなあ……

現在のヨーロッパ地図

※フランツ・フェルディナントは一般的には皇太子とされていますが、厳密には皇位継承者であるため地位は「大公」でした。これは身分の低いゾフィーをめとったためと言われています。

雪ダルマ式にヨーロッパ5大国が戦争に……

ドイツの協力を得たオーストリアはセルビアに宣戦布告します。オーストリアはセルビアと「だけ」戦うつもりでしたが、セルビアの後ろ盾はロシア。そしてロシアが戦うなら、同盟国のフランスも参戦することに。イギリスはフランスたちと協商を結んでいます。……あっという間にヨーロッパ中が戦争に巻き込まれていきました。

> **コラム 【ロシアの事情】**
> 日露戦争に敗れてからというもの外国にはなめられ、国内の政治や経済はボロボロだったロシア。国のメンツを守るため、そして国民の不満をそらすために戦争へのやる気を見せる必要がありました。

 何もしないのは弱気すぎるよね。とりあえず兵隊の準備をしよう

 ロシアが戦うならお兄さんも放ってはおけないかな？

 ロシアだけならともかく、フランスやドイツが動くなら俺も……

発動！ ドイツのシュリーフェン・プラン

ロシアの総動員令を知ったドイツは、前から用意していた作戦「シュリーフェン・プラン」を実行します。これはロシアとフランスを相手にするなら最初にフランスを叩き、それからゆっくりロシアを料理するというもの。ロシアは国が広く、すぐには大量の兵を準備できないはず。その時間差（※1）を利用した作戦だったのですが……？

〈シュリーフェン・プランの侵攻予定イメージ〉

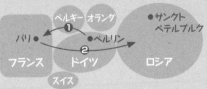

① ロシアが戦力を整える前に中立国のベルギー（※2）を通ってフランスへ侵攻 → **②** 返す刀でロシアへ向かい撃破する！

 はさみ撃ちにされる前に一気に勝負をつける作戦なんだ

でも何で中立国のウチの家を通るん!?国際法違反やわ！

 すまん、通るだけだ

信用できへんわー！

※1 ロシアが兵の準備を終えるのに6週間かかるとドイツは計算していました。つまり6週間以内にフランスを倒してロシアに向かわねばならないという作戦です。
※2 ベルギーを通るのはフランス軍の守りの手薄な方を狙うためです。

WW1はそれまでの戦争とはいろいろな意味で異なる戦いでした。戦車などの新兵器や化学兵器、国を挙げての総力戦。それらがどのようなものだったのかをここでは解説します。

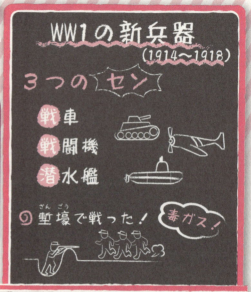

WW1の新兵器
(1914～1918)

3つの「セン」

戦車
戦闘機
潜水艦

◉ 塹壕(ざんごう)で戦った！ 毒ガス！

新兵器を使用する近代戦

 毒ガスはドイツ軍が初めて使用したんだ

戦車を開発したのはうちの陸軍なんだぜ

 初めて見た武器に、みんなびっくりしたんだよね

　WW1は戦車や毒ガスなどが初めて使われたことで有名。それらは戦場でより効果を発揮するよう、戦争中にどんどん改良されていきました。また、WW1では大量の弾薬が消費されました。その製造には女性など非戦闘員も参加。かつては王族と彼らが抱える兵士によるものだった戦争が、WW1では国民全体の戦争になったのでした。

↑かつては収穫の季節になると戦争を中断したものですが、WW1では収穫そっちのけで4年間ぶっ続けで戦いました

イギリス生まれの戦車「マークⅤ」

イギリスのマークⅤ

フランスのFT-17

1916年、世界で初めて戦場で使われた戦車がマークⅠ。WW1中にマークⅤまで改良されたぞ

ルノーFT-17はお兄さんのところの軽戦車。その後の戦車の基本となった名機なんだ♪

たしかFT-17はWW1後に多数輸出されたが、WW2のときには旧式で役に立たなくなっていたな……

WW1で塹壕を突破するためにイギリスで開発された兵器が戦車です。こっそり開発され、外部には「水を運ぶ水槽車」とごまかしたことからタンクと呼ばれるようになりました。でも初期の戦車は乗り心地は最悪だわ、故障が多く敵陣のど真ん中で止まるわで、苦労も尽きませんでした……。

塹壕で続いたにらみ合い
（ざん・ごう）

塹壕は木や鉄、コンクリートで補強していたんだ

雨が降ると泥まみれになって不衛生だったな……

トレンチ（塹壕）コート

雨風を防ぐために絞れる袖口

風や雨を防ぐ構造の襟

手榴弾や水筒をぶら下げられるベルト

塹壕とは歩兵が敵の攻撃から身を守るために地面を掘って作った穴。WW1ではドイツ軍とフランス・イギリス連合軍がお互いに塹壕の中でにらみ合ったため、戦いが長期化しました。ちなみにトレンチコートのトレンチは塹壕のこと。もとは塹壕で役に立つよう作られた衣服なのです。

オマケ　WW1が広めた腕時計

それまで男性は懐中時計を主に使っていましたが、より素早く確認できる腕時計が戦場では必要とされ、普及していきました。

カルティエの腕時計"タンク"は戦車がモチーフなんだ

～WW1のころの発明～

ティッシュペーパー

　ティッシュはアメリカ生まれ。軍の依頼で開発されました。負傷した人の手当てに使う脱脂綿が足りなくなり、代わりに紙で作られたのです。そのため柔らかく水をよく吸うようにできています。ガスマスクのフィルターとしても使われました。WW1後、在庫が女性の化粧落としアイテムとして販売されました。

アールヌーヴォー

　フランス語で「新芸術」という意味。19世紀末から20世紀初頭に広がった絵画や工芸、建築のスタイルで、女性や植物をイメージした曲線が特徴です。中心はフランスやベルギーでしたが他の国にも波及。スペインではモデルニスモと呼ばれ、特にガウディが建てたカサ・ミラやサグラダ・ファミリアは有名です。

インスタントコーヒー

　開発したのは日本人の加藤サルトリ博士と言われています。その後、WW1でインスタントコーヒーはアメリカ軍の支給品となりました。塹壕で泥まみれになりながら戦うつらい日々の中で、一杯のコーヒーは（味はともかく）兵士の心を安らげる役に立ったようです。一般に広まるのはWW2後のことになります。

サマータイムの導入

　ヨーロッパの夏は明るい時間帯が長いので、時計の針を1時間進めて時間とエネルギーを有効に使うために生まれた制度です。言い出したのはアメリカ人のベンジャミン・フランクリンで、WW1中の1916年にドイツが最初に導入しました。その後、イギリスやフランス、アメリカも続いて採用しています。

第2章
WW1

ついに始まるWW1。すぐに終わるはずだった戦いは
予想外の方向へと転がっていくことに……

WW1年譜

(1914〜1919)

ここではWW1が始まるきっかけとなったサラエヴォ事件から、戦後にヴェルサイユ条約が結ばれるまでの細かい出来事を紹介！　戦前と戦後の地図も要チェックです。

年	日付	出来事
1914年	6月28日	サラエヴォでオーストリア大公夫妻が暗殺される ➡P52
	7月23日	オーストリア、セルビア政府に最後通牒
	7月28日	オーストリア、セルビアに宣戦布告
	7月30日	ロシア、総動員令を発令 ➡P53
	7月31日	ドイツ、ロシアに最後通牒
	8月1日	ドイツ、ロシアに宣戦布告
	8月3日	ドイツ、フランスに宣戦布告
		イタリア、中立を宣言
	8月4日	ドイツ軍、ベルギーの国境を越える（シュリーフェン・プランの発動）➡P53
		イギリス、ドイツに宣戦布告
		アメリカ、中立を宣言
	8月6日	オーストリア、ロシアに宣戦布告
	8月12日	イギリスとフランスがオーストリアに宣戦布告
	8月20日	ベルギーの首都、ブリュッセル陥落
	8月23日	日本、ドイツに宣戦布告
	8月26日	タンネンベルクの戦い（〜8月30日）➡P61
	9月2日	日本軍、中華民国の山東省（ドイツの権益地）に上陸 ➡P70
	9月5日	マルヌの会戦（〜9月12日）➡P60
	11月1〜3日	ロシア、イギリス、フランスがオスマン帝国に宣戦布告 ➡P63
	11月7日	日本軍、青島（ドイツ租借地）を攻撃
	12月18日	スウェーデン、ノルウェー、デンマークが中立宣言 ➡P93
	12月24日	イギリスとドイツの兵士間でクリスマス休戦 ➡P61
1915年	1月18日	日本が中華民国に対華21ヶ条の要求
	春	ドイツで豚の大処分が発生（豚殺し）➡P73
	4月22日	ドイツ軍、イーペルの戦いで初の大規模毒ガス攻撃 ➡P54
	5月7日	ルシタニア号事件 ➡P72
	5月23日	イタリアがオーストリアに宣戦布告 ➡P62
1916年	5月31日	ユトランド沖海戦（〜6月1日）
	7月1日	ソンムの会戦が始まる（〜11月19日）。イギリスにより戦車が初めて実戦投入 ➡P55
	11月7日	アメリカでウィルソン大統領が再選
	冬	ドイツで不作による深刻な食糧難（カブラの冬）➡P73
	12月30日	ロシアでラスプーチンが暗殺される ➡P80
1917年	1月22日	アメリカのウィルソン大統領の「勝利なき平和」演説
	2月1日	ドイツ、無制限潜水艦作戦開始を宣言 ➡P72
	2月	日本、地中海に日本海軍を派遣 ➡P80
	3月1日	ツィンメルマン電報が公表される ➡P77
	3月8日	ロシアの首都ペトログラード（現サンクトペテルブルク）で民衆デモが始まる ➡P74
	3月15〜16日	ニコライ2世退位、ロシア臨時政府樹立（ロシア革命）➡P76
	4月6日	アメリカがドイツに宣戦布告 ➡P77
	4月16日	ドイツの協力でレーニンがロシアに帰国
	11月7日	ロシアにソヴィエト政権が成立 ➡P75
	12月15日	ドイツとロシアが休戦
1918年	1月8日	アメリカのウィルソン大統領が「14ヶ条」を発表
	2月10日	ドイツとロシアの休戦会議が決裂
	2月23日	ロシアのレーニン政府がドイツに降伏
	3月3日	ドイツとロシアの間でブレスト＝リトフスク講和条約が締結される。東部戦線の戦闘終了 ➡P75
	3月	ドイツ、カイザー戦を開始。パリ砲を使用（〜8月）➡P65
	6月	スペインかぜの爆発的流行が始まる ➡P79
	7月16日	ロシアでニコライ2世とその家族が処刑される ➡P75
	7月末	日本で米騒動が起こる
	8月8日	連合軍の最終攻勢始まる ➡P77
	10月3日	ドイツ、アメリカに14ヶ条を基礎とした和平を申し出る
	10月14日	アメリカ、ドイツに無制限潜水艦作戦の中止と帝政廃止を要求
	10月23日	アメリカ、ドイツに事実上の無条件降伏を要求

年	日付	出来事
1918年	11月3日	ドイツのキール軍港で水兵反乱 ➡P79
		オーストリア、連合国と休戦協定を結ぶ
	11月6日	ドイツ海軍全体に反乱が広がる
	11月9日	ヴィルヘルム2世が退位。ドイツの共和制宣言(ドイツ革命) ➡P78
	11月11日	ドイツと連合国の休戦協定により西部戦線の戦闘が終了。WW1が終結
1919年	1月18日	パリ講和会議が始まる ➡P82
	6月28日	ドイツに対するヴェルサイユ条約調印 ➡P83

WW1前のヨーロッパ

1914年ごろ

WW1後のヨーロッパ

1923年ごろ

注目はWW1前後のオーストリア=ハンガリー。戦後はチェコスロヴァキアやユーゴスラヴィアの成立で国がずいぶん小さくなりました。また、ドイツとソヴィエト連邦の間にはポーランドが復活しました。

泥沼の戦い ～東西の長い長い戦い～
(1914～1918)

WW1の主な戦場はベルギー南部～フランス北東部の西部戦線と、ロシアなどヨーロッパの東で行われた東部戦線。どちらもなかなか決着がつかず戦いは長引きました。

「マルヌの戦い」～西部戦線～

シュリーフェン・プラン（→P53）に従ってパリを狙うドイツ軍をフランス軍とイギリス軍が防いだのがマルヌ会戦。フランスはタクシーまで総動員して兵士を戦場に送り込みました。ドイツも無茶なスケジュールでの進撃がたたって兵士はヘトヘト。しぶしぶパリをあきらめます。後退したドイツは塹壕を掘って中にこもり、西部戦線は長いにらみ合いの状態に入りました。

 シュリーフェン・プランは失敗してしまったんですね

 短期決戦に失敗したのは俺にとって痛かったんだ

 塹壕での長期戦は、まさに泥沼の戦いだったよ……

コラム 【塹壕戦が長引いたワケ】

塹壕から機関銃を撃てば向かってくる兵をなぎ倒すことができます。つまり防御側が有利。うかつに手を出せないので、お互いに塹壕を作ってひたすらにらみ合っていたのが西部戦線です。

 戦車は塹壕を越えるために作られたんだ

「タンネンベルクの戦い」～東部戦線～

原作3巻 P110参照

東部戦線で最初にドイツ軍とロシア軍が対決したのがタンネンベルクの戦い。少ない戦力にも関わらずドイツが圧勝しましたが、シュリーフェン・プランの失敗で西部戦線が膠着したため、ドイツにロシアの奥地まで攻め込む余裕はありませんでした。そして結局、こちらも泥沼状態に……。

ドイツ軍はものすごく奮闘したんだがな……

冬になると寒くて戦いにならなかったよね

←タンネンベルクは昔、プロイセンがポーランド・リトアニア軍にボロ負けした場所。そのためここでの勝利はドイツの人々を喜ばせました

戦場で迎えたクリスマス

原作3巻 P131参照

↑各国の兵士たちはあと2回、クリスマスを――より過酷な――戦場で迎えることになります

WW1が始まって最初のクリスマス。西部戦線のイギリス軍とドイツ軍は自発的に戦いをやめ、塹壕から出て来てプレゼント交換をしたり、サッカーに興じたそうです。

ドイツをはじめ、どの国の兵士もクリスマスには、戦争は自分たちの勝利で終わると思っていました。ですが戦いはあと約3年続くことになります。そしてクリスマスの休戦は政府から厳しくとがめられてしまい、残念ながらこの1回しか行われることはありませんでした。

イタリア、ついに立つ!?

(1915.05.23)

1882年にドイツ、オーストリアと同盟を結んでいたイタリア。
でも、こっそりフランスとも接近していました。そしてイタリアの出した結論は……。

目標→南チロル（オーストリア領）ゲット！

三国同盟（独・墺）で参戦

連合国（英・仏・露）で参戦

どちらが有利？

スイス　オーストリア

フランス　南チロル

イタリア

イタリアの目標はオーストリア！

当時、戦う余裕がまったくなかったイタリア。WW1が始まってしばらくは中立を保っていました。1882年に結んだ独墺伊三国同盟があるのでドイツとオーストリアからはせっつかれていましたが、そもそもイタリアが欲しいのは南チロルなどのオーストリア領土。結局、イタリアは1915年にフランスやイギリスの連合軍側として参戦しました。

コラム　【未回収のイタリア イタリアイレデンタ】

未回収のイタリアとは、イタリアが統一したあともオーストリアの領地として残った南チロル地方や港町のトリエステなどのこと。これらの土地にはイタリア語を話す人が多く住んでいました。そのためWW1に勝ったら未回収のイタリアをもらうという条件で、イタリアはイギリスたちの味方になります。むろんドイツとオーストリアにはナイショで。

 未回収のイタリアのために、俺はフランス兄ちゃんたちの味方になるよ！

イタリア……まさかあなたと戦うことになろうとは……

 トレビアーン、イタリア！　お兄さんの応援よろしくな！

イタリア戦線

▶ 原作1巻 P13参照

　こうしてイタリアがちゃっかりオーストリアに攻め込んだため、両国の国境周辺が戦場（イタリア戦線）になりました。当初イタリアはサクッとオーストリア領を占領するつもりでいましたが、実際は連戦連敗。結局ここも泥沼の戦いになってしまいます……。

わーん、オーストリアさんとドイツが怖いよー、誰か助けて──！

（なんだコイツは……仲間に入れるんじゃなかったかな……）

←イタリア軍のヘタレぶりにイギリスとフランスは援軍を送らざるを得なくなったのでした……

オスマン帝国（トルコ）は同盟国側で参戦！

あまり戦いたくはねぇんだが…

トルコが敵となると面倒だな…頼むぞロレンス！

俺は1917年に連合国側で参戦

　オスマン帝国（トルコ）は1914年10月にWW1に参戦。やる気はなかったのですが、両陣営の板ばさみになっていたときに上司がポカ（※）をして巻き込まれたのです。一方、イギリスはオスマン帝国にインドからの補給ルートを邪魔されるとマズいことに。そこでイギリスは、アラブ人にオスマン帝国へ反乱を起こすよう仕向けました。

コラム【アラビアのロレンス】

本名はトーマス・エドワード・ロレンス。アラビア語に詳しいイギリス人考古学者で、オスマン帝国に対するアラブ人の反乱を支援しました。彼の活躍を描いたのが映画「アラビアのロレンス」です。

 インディ・ジョーンズのモデルという説も!?

オスマン帝国（トルコ）～英領インド地図

※この頃のオスマン帝国はわりとドイツと仲よしでしたが、WW1への参戦にはおよび腰でした。そんなとき、ドイツの軍艦がロシアを攻撃しようと帝国の領海を強引に通ったため、イギリスたちから文句が殺到。オスマン帝国の上司は慌てて「あれはドイツからうちが買った艦で」とごまかしたのですが、その"うちが買った艦"は後日、目的地に着くとロシアの基地を攻撃。……こうしてオスマン帝国はロシア、イギリス、フランスに宣戦布告されたのでした。

WW1の珍兵器

（1910〜1918）

戦車や毒ガスなど、さまざまな兵器が登場したWW1。でも、最初から実用的なものばかりではありませんでした。中にはちょっと……いや、かなりトホホなものも!?

試行錯誤していた時代の**ザンネン兵器**たち

- メンテナンス性＞破壊力なM1910
- 40トンもあったフィアット2000
- 超長距離発射可能なパリ砲とは!?

10人乗り!

掃除しやすいが威力は!?「M1910」

▶ 原作4巻 P32参照

イタリア軍が1910年から採用した迷拳銃、M1910。整備しやすいようにフレームがパカッと簡単に開く構造になっていました。問題は簡単に開きすぎて、普通の威力の弾を撃つと壊れてしまうということ。そのため専用の威力の低い弾が用意されて

いたのですが、それだと戦いでは心もとないので、サイズの大きい弾を撃てるモデルが開発されました。すると今度は他の銃で使う普通の威力の弾も装填できるようになり、間違った弾を入れて銃が壊れるトラブルが続出したのでした……。

片側がパカッと外せるようになってってとっても掃除がしやすいんだ

確かに！これは便利だ

おおっ!!

←WW1の初期まで使われたM1910

←掃除はともかく、構造が複雑だったために大量生産しにくく、イタリア軍は銃の不足でも苦労しました

鈍足重戦車「フィアット2000」

↑上面の大砲に加えて、前後左右の7カ所に機関銃を装備！

某国民的大泥棒の愛車でも有名なイタリアのフィアット社が、1917年に試作した重戦車がフィアット2000です。イタリアが初めて開発した戦車でなんと10人乗り。重さは40トンとWW1で開発された戦車の中でもトップクラスでしたが、イタリア戦線の狭い山道を通るには大きすぎ、田舎の橋は重すぎて渡れませんでした。

 見てみて！ てっぺんのドームがお洒落なんだ〜

お兄さんの家で作った戦車を参考にして開発したんだよな

 足が遅くて実戦にはほとんど参加しなかったけど1934年にパレードに出たよ！

パリを震撼させた「パリ砲」

WW1末期に投入されたドイツの超長距離砲。射程距離は120km以上！ パリに向けて発射され、パリ市民を恐れさせました。しかし命中率はイマイチ、大きすぎて運ぶのが大変、60発も撃てば砲身がダメになるという使いづらさもありました。

パリ砲は列車で運んだんだ

 あのときは怖かったぞマジで！

でも効果があったかは微妙だ……

120km

パリ　　　　　　　パリ砲

BOM

←120kmというと東京から富士山までより遠い距離。この距離になると、地球の自転の影響も計算して狙いをつける必要がありました

WW1の捕虜たち
(1914〜1918)

どの国も総力を尽くして戦ったWW1では、それまでの戦争とは比較にならないほど
多くの死傷者や捕虜が出ました。中でもイタリアの捕虜の多さは有名なのですが……。

イタリア	ドイツと日本

カポレットで大敗 トラウマ

捕虜 23万〜29万人
脱走兵 30万人?

↓

弱かったというより?

青島（チンタオ）の戦いで4700名の
ドイツ兵捕虜が日本に収容
（徳島・広島・千葉など）

ドイツで捕らわれた
日本の民間人も……

カポレット※でイタリアが負けたのは……

▶ 原作1巻 P22、
原作2巻 P60参照

イタリアがドイツとオーストリアにボッコボコにされたカポレットの戦い。確かにドイツ軍は強かったのですが、数では有利だったはずのイタリア軍がタコ負けしたのは、深刻な装備不足や上層部の無能ぶりが原因。特にイタリアの兵士が弱かったわけではないのです。……たぶん。

カポレットはちょっと心の傷になったかも……

このときの俺は新しい戦術を使っているぞ

イタリアを捕まえてみたのはいいが歌ったり笑ったりたまに変な声が聞こえたりするだけでまったく逃げ出す気配がない

↑装備は足りない、作戦は古いでイタリアの兵士は政府を信用しなくなっていました

↓捕虜になった兵士は、現地の女性といい仲になることもあったそうです

日本にやってきたドイツ兵

ヨーロッパの激しい戦いには巻き込まれなかった日本ですが、中国のドイツ領を攻撃(青島の戦い。→P70)しています。その結果、日本には多くのドイツ兵の捕虜がやってくることになりました。彼らを収容したことで有名なのが徳島県の板東俘虜収容所や広島県の似島検疫所、千葉県の習志野俘虜収容所など。この頃のドイツ人捕虜と現地の人々の交流により、日本に多くのドイツ文化がもたらされることになりました。

食コラム【パンやハムやバウムクーヘン】

WW1のドイツ人捕虜から日本に伝えられた食べものにバウムクーヘンやハム、ソーセージがあります。もし彼らが来ていなかったら、これらの食べものは現在の日本で食べられていなかったかもしれません。

 収容所を見学に来る日本人の子供たちもいたそうだ

 日本に残って結婚した兵隊さんもいたんですよね

大戦時にドイツにいた日本人は……

明治維新以降、日本人によるドイツ留学が盛んになりました。1914年の夏にWW1が始まったときにも、それまでと同様に多くの日本人がドイツを訪れていました。彼らの多くは戦争が始まると帰国しましたが、捕らえられてフランス人やイギリス人とともに収容所に送られた人もいたそうです。

コラム 【ベルツ花夫人】

ベルツ花は日本で医学を教えたドイツ人、ベルツ博士と結婚した日本人女性です。1905年に博士に従って渡独。夫の死後、ドイツでWW1を経験し、その体験を記録しました。

 ドイツさんの収容所で出された黒パンはすっぱくて日本人の口には合わなかったそうです

あれ、まずかったよなー。お兄さんはなんだかんだでちゃんと食べてたけどね!

 ベルツ花夫人はWW1後、帰国して日本と俺との関係修復に力を尽くしたそうだ

スイスとリヒテンシュタイン
（1914〜1923ごろ）

WW1では、中立を表明した国もさまざまな苦労をすることになりました。オーストリアとスイスにはさまれたリヒテンシュタインは、特に大変な目にあった国でした。

スイス（中立国）
首都 ファドゥーツ
国土の面積は160km²（小豆島くらい）

オーストリア（同盟国）

リヒテンシュタイン（中立国）

WW1で危機におちいったリヒテンシュタイン※

▶ 原作2巻 P47参照

リヒテンシュタインの上司（当主）はオーストリアのハプスブルク家に仕えてきた超名門貴族。そのため中立（そもそも軍がない）と言っても信じてもらえず、イギリスたちの嫌がらせで食糧の輸入が止まり大変なことになりました。そんなとき手を差し伸べたのがスイスでした。

リヒテンシュタインの歴史

1719	ハプスブルク家の神聖ローマ皇帝カール6世がリヒテンシュタイン公国を認める
1806	ナポレオン戦争で神聖ローマ帝国が崩壊。国として独立する
1815	ドイツ連邦に加わる
1852	オーストリアと共通の通貨を使うことに
1866	普墺戦争でオーストリアがプロイセンに敗北。ドイツ連邦の解体
1867	永世中立国になる
1919	オーストリアとの関係を解消
1923	スイスと共通の通貨を使うことに

← このときスイスは自分たちも苦しい状況にも関わらず、貯めていた食糧の一部をリヒテンシュタインに売ってくれました

※リヒテンシュタインはドイツ語で「光る石」とか「明るい砦」という意味になります

リヒテンシュタインとオーストリア

▶ 原作1巻 P37参照

歴史的にオーストリアと関係が深いリヒテンシュタイン。オーストリアの首都、ウィーンには現在もリヒテンシュタイン家の広大な土地や宮殿があります。今はスイスのお世話にもなっていますが、オーストリアとの絆も失ってはいません。

↑リヒテンシュタインの首都にあるファドゥーツ城はとても可愛いお城です

オーストリアさんも私にとって大切な方なのです

コラム 【リヒテンシュタイン公フランツ・ヨーゼフ2世】

1938-1989まで在位した先代のリヒテンシュタイン公。大伯父はオーストリア皇帝のフランツ・ヨーゼフ1世で彼が名づけ親です。公は歴代当主で初めてファドゥーツ城に住みました（それまでの当主はオーストリアのウィーンで生活していました）。

フランスで戦ったスイス人たち

▶ 原作3巻 P54参照

銀行で有名なスイスですが、かつては傭兵の輸出（※）で知られていました。フランス革命で最後まで王家を守ったのはスイス人傭兵。今のバチカンの衛兵もスイスから選ばれます。WW1でも多くのスイス人がフランスで戦いました。

コラム【フランス外人部隊】

19世紀に作られた外国人の志願兵を集めた部隊（今でもあります）。WW1が始まると多くのスイス人が国境を越え、この部隊に志願して戦いました。同じ永世中立国だったベルギーにドイツが侵攻したのが、スイスの心に火を点けたようです。

イタリアの統一で活躍したガリバルディさんの孫も、WW1でこの部隊に参加したよ！

我が輩は何もない土地に育ち

生きるためには外資を稼ぐしか道がなかったのだ

傭兵、雑用何でもやってきた

←スイスの傭兵は勇敢さで有名でした。ときには他国で敵味方に分かれたスイス人同士が戦ったことも……

オーストリア先生の特別講義 ⑥

日本にとっては遠い戦争だったWW1。ビンボーな暮らしで青息吐息だった日本はドイツが中国に進出していた地域に戦いを挑むことにしますが、どうなることやら……？

日本の参戦
(1914.08.23)

山東省

日本

青島（チンタオ）

めざすは中国のドイツ領！

このころの日本は1904年の日露戦争の影響で台所事情は火の車でした。そこに起こったのがWW1。日英同盟もあるし、今が好機と日本は当時のドイツが支配していた青島に攻め込み、11月7日に陥落させました。また、WW1で多くの物資の注文が入り、日本の財布は温かくなりました。

おい日本、なぜお前が!?

すみませんドイツさん、うちも苦しくって……いざ！

おーい日本、やりすぎるなよ!?

↑ビールで有名な青島。青島攻略戦が日本のWW1での大きな戦いで、西部戦線や東部戦線へは軍を送りませんでした

悲劇の船、皇后エリーザベト号

日本がWW1で宣戦布告した相手はドイツのみでしたが、ちょうど中国にはオーストリアの皇后エリーザベト号がいました。オーストリア大公フランツ・フェルディナントが日本を訪れたときに乗っていた船です。同盟国ドイツのために皇后エリーザベト号は青島に駆けつけ日本と戦いましたが、最後は自爆して海中に消えました。

> **コラム 【皇后エリーザベト】**
>
> 青島の海に消えた皇后エリーザベト号の名前は、オーストリア皇帝フランツ・ヨーゼフ1世の妃となったエリーザベトから。非常に美しい女性でしたが気まぐれでウィーンにはあまり寄りつかず、1898年にスイスで暗殺されました。

 皇后エリーザベト号と戦うつもりはなかったのですが……

うちの上司が日本に宣戦布告しましたからね……

 ちなみにエリーザベトさんは、ハンガリーでは今も慕われてるわ

日本が味方になるのを期待していたドイツ

1914年8月初頭、ドイツのベルリンで日本がロシアに宣戦布告したというデマが流れました。ベルリンの日本大使館に多くの人々がつめかけて「バンザイ、バンザイ」と繰り返し、大使は困り果てたとか。ドイツでは日本が日露戦争でロシアと戦ったイメージが残っていたようです。……が、残念ながら期待どおりにはなりませんでした。

ベルリンの日本大使館　日本大使　ベルリン市民　[1914.08.03 ごろ]

 ロシアの背後を突いてくれると助かったんだがな

ドイツさんには三国干渉(※)でやられましたから……

 僕と日本は日露戦争後に仲直りしていたんだよ

※1895年にドイツ帝国とロシア帝国がフランスを誘って行った日本への勧告のこと。前年の日清戦争の結果、日本と中国（清）の間で結ばれた下関条約に基づいて日本が手に入れた遼東半島（旅順や大連があります）を中国に返すようにドイツたちが求めたのです。さすがにこの三国とケンカはできないので日本は泣く泣く受け入れました。

オーストリア先生の特別講義 ⑦

WW1中、イギリスはドイツの海上貿易を徹底的に邪魔しました。そのお返しにドイツも潜水艦で、イギリスやフランス周辺の海の船を警告なしに攻撃することにしますが!?

海上封鎖VS無制限潜水艦作戦

ⓞ 海上封鎖
ドイツへの物資の輸送を徹底妨害

ⓞ 無制限潜水艦作戦
イギリスやフランスに行く船を無警告で撃沈

1915.05.07
ルシタニア号事件

Uボート→

ドイツで豚殺しや
カブラの冬が起こる
ルタバガ→

アメリカを怒らせた「ルシタニア号事件」

　1915年5月7日。イギリスとアメリカを結ぶ英国客船・ルシタニア号がドイツの潜水艦のUボートによって撃沈されました。ルシタニア号には多くのアメリカ人も乗っていたため、中立を保っていたアメリカでのドイツの評判は急落します。この事件は2年後のアメリカのWW1参戦のきっかけとなります。

コラム【無制限潜水艦作戦】
ドイツの無制限潜水艦作戦とは、指定した海域で見つけた船は問答無用で攻撃するというもの。乱暴ですがそうでもしないとイギリスやフランスへ軍事物資（※）を運ばれるのを止められなかったのです。とはいえルシタニア号事件はまずいと思ったらしく、無制限潜水艦作戦は中止に。1917年に再開されましたが、それはアメリカの参戦を招くことになりました。

でもご安心下さい。
我が国の技術で小型化に成功しました

なんと！

←海ではイギリスの海軍にさっぱり勝てなかったドイツですが、潜水艦のUボートは活躍しました

ドイツの食卓からソーセージが消えた!?

　1915年、ドイツでは豚が急に少なくなりました。海上封鎖の影響で食糧が不足する中、豚を飼うのはムダ、豚のエサにする穀物は人間が食べたほうが効率的と学者が言い出したのです。多くの豚が殺され、ドイツの食卓から豚肉が消えました。それはドイツ人の元気も奪うものでした。

さすがの俺もイモばかりでは元気が出ん……

豚肉好きなドイツにとっては辛かったろうね……

豚殺しは食糧不足の解決にならなかったんだ……

あなたは運良くソーセージをしこたま入手できましたが、しかしレジがむやみやたらに混んでいます

←豚肉はドイツ人の大好物。ラードは冬を乗り切るエネルギー。食べ物の不足は次第にドイツを追いつめていきます

禍根を残したカブラの冬

←別名をスウェーデンカブといいます

ルタバガ
（カブ）

　豚が大量に殺される騒動が起きた翌年の1916年。ドイツは大凶作に見舞われ、ジャガイモの収穫量が大きく減ってしまいます。外国からの食糧の輸入もままならず、その年の冬にドイツの人々がひたすら食べることになったのがルタバガ。寒さに強いが味はイマイチ？な野菜です。ドイツの食糧事情は悪くなる一方でした……。

ルタバガ…ルタバガ……今日も明日もずっと……

酢漬けにしたり煮込むと美味しいですよ

ルタバガの原産地はうちだべ

俺はもう見たくない！ルタバガより肉だー!!

食コラム　【他国の食料事情】

ドイツ以上に苦しんだのが近代化の進んでいなかったロシア。農村から男たちが戦いに送られたのも響きました。他の国でも小麦粉が配給制になるなど大変でした。

オーストリア先生の特別講義 ⑧

終わりの見えない戦いに、イギリスやフランスたち連合国側も、ドイツたち同盟国側も疲れ果ててきた1917年に帝政ロシアで革命が起こります。WW1はどうなるのでしょう!?

ロシア革命 (1917)

1916.12.30	ラスプーチン暗殺
1917.03.15 ～ 1917.03.16	ニコライ2世退位 ロシア臨時政府成立
1917.04.06	アメリカ、WW1に参戦
1917.11.07	ソヴィエト政権成立
1918.03.03	ドイツとブレスト=リトフスク条約

ロシアのWW1が終わる
ドイツ、西部戦線に集中

帝政ロシアの最期 〜3月革命〜

東部戦線でドイツに押されながらも、何とか持ちこたえていたロシア。しかし長引く戦いに国民の生活は限界を迎えていました。そして1917年3月8日(※)。首都ペトログラードで女性を中心に「パンをよこせ、戦争をやめろ」とデモが起きます。この騒動はあっという間に広まり、軍と政治家は皇帝ニコライ2世に見切りをつけました。こうして帝政ロシアは終わりました。

コラム 【皇后アレクサンドラ】

皇帝ニコライ2世の妻。彼女がドイツ出身だったことに加え、怪僧ラスプーチンを重用したことも帝政が民衆の信頼を失う原因になりました。

 というわけで300年続いたロマノフ王朝は倒れちゃったんだ

 ふむ。これでロシアが戦争をやめてくれれば助かるが……

 お、おい、ロシア。お前まさか――!?

※3月8日というのは現在の暦でのこと。旧暦を使っていた当時では2月23日。次項の11月革命も当時では10月の出来事でした。

レーニンとソヴィエト政権の誕生 ～11月革命～

―ソヴィエトとドイツの和平交渉―

 占領しているポーランド、リトアニア、ラトビアをもらおう

 それは無理。じゃあ戦場で…

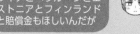 （戦闘再開・ソヴィエト連敗 首都ペトログラードからモスクワへ遷都）

 こ、この間の条件でよろしく…

 いや、新たに占領したウクライナとベラルーシとエストニアとフィンランドと賠償金もほしいんだが

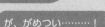 が、がめつい………！

ニコライ2世が退位したあとにできた臨時政府は戦争をやめませんでした。そこでドイツはスイスにいた革命家のレーニンをロシアに送ります（※）。彼が起こした11月革命で臨時政府は倒れ、ソヴィエト政権が誕生しました。彼らはドイツと和平しようとしますが条件が合わず失敗。その後、ドイツに叩きのめされ、結局えげつない要求を飲んで和平することになります……。

コラム 【レーニン】

 世界初の社会主義国家であるソヴィエト連邦の生みの親。ちなみにレーニンは偽名で、本当の姓はウリヤーノフといいます。

※レーニンはドイツと接触し、自分をペトログラードに送り届けてくれれば戦争を終わらせると持ちかけました。

ロマノフ一家の運命

退位したニコライ2世と妻と子供たちはペトログラード近郊にあるアレクサンドロフスキー宮殿に軟禁されました。その後、一家のイギリスへの亡命がロシア臨時政府によって計画されましたが、最終的にイギリスは拒否。一家は1918年7月、裁判を受けることなく処刑されました。

 うちに迎えるのは無理だしな……

 うちの上司もイギリスへ行く邪魔はしないと約束したが……

 ……すまん……

ニコライ2世らが暮したアレクサンドロフスキー宮殿

オーストリア先生の特別講義 ⑨

WW1が始まってからもずっと中立を保ってきたアメリカ。ですがいくつかの事件と事情が重なり、ついにイギリスやフランス側に立って、ドイツと戦うことを決意します。

アメリカがやってきた！(1917)

⑨ WW1に参戦する？ しない？

伝統的な中立主義

VS WIN!

イギリス・フランスへの貸しつけ

⑨ ロシア革命
→連合国から専制君主国家が消える
→「民主主義のため」戦えるように！

ウィルソン大統領、参戦を決意

帝政ロシアが倒れたおかげで参戦!?

　WW1に手を出さなかったアメリカですが、1917年にドイツが第二次無制限潜水艦作戦を始めると参戦への気運が高まります。イギリスやフランスが負けたら、貸したお金が戻らなくなりますし……。でも、戦うには大義名分が欲しい。そんなとき、帝政ロシアが倒れました。こうしてアメリカは「民主主義を守る(※)」という口実をゲットし、堂々と参戦します。

 さあ、悪の帝国から自由と正義を守るために戦おう！

 ……………

 何でもいいから早く来るんだ！

※イギリスたちの仲間から帝政ロシアがいなくなったおかげで、アメリカはオーストリアやドイツ、トルコをまとめて「悪の帝国」扱いできるようになりました。

もうひとつの決め手「ツィンメルマン電報事件」

 ……おいアメリカ、ドイツがメキシコにお前を攻めさせようとしてるぞ

そんな、まさか。ガセ情報だろう？

 本当だ！ でもメキシコへの提案はアメリカが参戦した場合の話で、中立してれば問題ないぞ！

メキシコをそそのかしたのか!?

 あーあ 怒らせちまったぞ…

　1917年1月。無制限潜水艦作戦の再開の前に、ドイツはメキシコ（※）へ電報を打ちました。内容はアメリカが参戦したらドイツと同盟し、アメリカを攻撃してくれというもの。無制限潜水艦作戦に怒ったアメリカが参戦したときの保険です。イギリスからこの電報のことを知らされたアメリカはさすがに大激怒したのでした。

コラム 【目をつけられた日本】
ドイツのツィンメルマン外相は電報の中で、メキシコに日本を引き入れるよう頼んでいました。目のつけどころは鋭かったのですが、やはり現実味はない提案でした。

※ドイツは以前から中南米と交流があったのと、このころのアメリカはメキシコと仲が悪かったので上のような電報になりました。が、アメリカと本気で戦うことになるのは困るのでメキシコは断りました。

始まった連合国の最終攻勢

 待たせたね、みんな！ 自由と正義のためにアメリカ参上〜！

ようやく来たかアメリカ！ 早く助けてくれー!!

 兵隊もたくさん連れてきたぞ！ さあドイツをやっつけよう！ ……ゲホゲホ

　1917年4月、アメリカはドイツに宣戦布告。一方、ロシアは革命でWW1から脱落（※）しました。そして1918年、西部戦線に集中できるようになったドイツと、連合国の最後の戦いが始まります。一時はイギリスとフランスを追い込んだドイツでしたが、アメリカの大援軍が来ると形勢逆転！ 今度はドイツが追いつめられていきます。

コラム 【ウィルソン大統領】
1913〜1921年のアメリカ大統領。WW1の末期に和平をめぐる「十四ヶ条の平和原則」を提唱しました。1916年に再選された際にはWW1への中立を公約にしていましたが、国民からの圧力によって参戦を決意しました。

※ロシアが主に戦う相手だったオーストリアとトルコは、この時点でやる気を失っていました。

1918年11月。ドイツでは革命が起こり、帝政は崩壊しました。そしてWW1は終わりを迎えます。どんなことが起きてそのようになったのかを、ここでは解説していきましょう。

終戦のとき (1918)

1918.08〜09
連合国の大攻勢（アメリカも参加）
↓
ドイツ軍、総崩れに
　　　　　　　　スペインかぜも
　　　　　　　　　一緒に……

1918.11
キール軍港の反乱

ドイツ革命　ヴィルヘルム2世、オランダへ亡命

シャイデマン
「ドイツ共和国、バンザイ!!」

ドイツ革命と共和国の出発 ～シャイデマンの大芝居～

　1918年11月9日にはドイツのベルリンで大きなデモが起きました。「平和を！」「パンを！」「皇帝は責任を取れ！」と叫びながら国会議事堂の前に集まる市民たち。社会民主党のシャイデマンは議事堂のベランダから人々に「帝政は終わった（※）。ドイツ共和国、バンザイ！」と叫びます。この言葉でデモは収まりました。むろん皇帝は激怒しましたがあとの祭り。翌日に皇帝はオランダに亡命し、WW1は終わりました。

コラム 【スパルタクス団】

シャイデマンが慌てて市民の前で「共和国、バンザイ！」と宣言したのは、社会主義を掲げる急進的なスパルタクス団がどさくさに紛れて社会主義革命を起こすつもりと知ったため。ロシア革命のようになる前に、先を打って人々を落ち着かせたのでした。

 ロシアさんの家のようになる前に、共和国を宣言したわけですね

 我々としては、帝政をなくすつもりはなかったんだがな……

 ついにホーエンツォレルン家も力つきちまったか……

※皇帝ヴィルヘルム2世は退位するつもりはまったくありませんでした。ドイツの政治家たちもヴィルヘルム2世には退位してもらうにしても、帝政を廃止するつもりはありませんでした。共和国の宣言はシャイデマンの独断によるものです。とはいえ嘘でしたとも言えず、ドイツはなし崩しに共和国になりました。

キール軍港の反乱 〜革命の発火点〜

WW1中、目立てなかったドイツ海軍。祖国の負けが見え始め、あせった司令官は皇帝の許可なしに出撃を命じます。無茶な命令に兵士たちは大反発！ 食糧不足でコーヒーも飲めない毎日に誰もがキレる寸前だったのです。こうして1918年11月3日、キール軍港で反乱が勃発。騒動はあっという間に広がりドイツ革命につながりました。

 ドイツ海軍と派手にやりあったのは1916年のユトランド沖海戦くらいか

あのときは俺がお前たちに与えたダメージのほうが大きかったぞ

 先に逃げたのはそっちだろ。俺の勝ちだって！

戦争終結を早めた？ インフルエンザ

 この流行で若者もたくさん亡くなったんだ……

今で言うところのパンデミックちゅうヤツやなー

 日本でも1918年の秋から大流行しています

コラム 「スペインかぜ」の由来

アメリカ発なのにスペインかぜと呼ばれたのは、流行が中立国のスペインで報道されたため。他の国々はインフルエンザの流行を秘密（※）にしていました。

ドイツの負けを決定的にしたのはアメリカの参戦でした。ですがアメリカがヨーロッパに持ち込んだのは軍隊だけではありません。それがスペインかぜと呼ばれるインフルエンザ。参戦を決めたとき、アメリカではちょうどインフルエンザがはやっていたのです。アメリカではマスクの着用を義務づける町もあったほどでした。

さらに軍では集団生活が基本なので、兵士たちの間でインフルエンザの流行はさらに拡大。アメリカ兵がヨーロッパに上陸したことでスペインかぜはどんどん広まり、敵も味方も兵士も民間人も関係なく、多くの人々が病気で倒れました。

※インフルエンザで兵隊がバタバタ倒れていると正直に発表したら、敵国を勢いづかせかねません。むろんウイルスに国境は関係なく、実際は敵味方関係なしに大流行していました。

ヘタリア的 WW1こぼれ話 ③

〜地中海に向かった日本軍〜

WW1での日本軍の戦いというと中国で行われた青島（チンタオ）の戦いが有名ですが、1917年にはイギリスに頼まれて地中海に向かった海軍の艦隊もあります。彼らの任務は地中海を航行する輸送船や病院船の護衛でした。ドイツ軍のUボートと戦い、ときには犠牲を出しながらも、連合国の人々を7千人以上救助し、感謝されたそうです。

このときに日本海軍が拠点にしたのが地中海に浮かぶ美しい島、マルタでした（WW1当時はイギリス領。1964年に独立）。ちなみに任務は多忙でしたが休暇が与えられることもあり、そんなときはアテネやパリに小旅行に出かけていたそうです。戦時中ということもあり、軍服を着ていると電車賃を安くしてもらえたりしたとか。

日本から最大17隻の艦が送られました

イギリスの艦が加わったこともあったぞ

マルタに残る慰霊碑

任務で亡くなった日本人の名前が刻まれた慰霊碑が、他国の兵士のお墓とともにたたずんでいます

〜怪僧？ 聖者？ ラスプーチン〜

← 催眠療法で皇太子の血友病を癒したと考えられています

青酸カリを盛られても死ななかったとか……

教会を建てたり慈善活動もしていたそうだ

帝政ロシアで革命が起きる原因のひとつとなったのが謎の多い僧侶、ラスプーチン。彼は血友病患者だったアレクセイ皇太子の症状を鎮めたことから、皇后アレクサンドラから信頼されるようになります。しかし皇太子の血友病のことは極秘だったため、ロシアの国民にはなぜ皇后が怪しげな僧侶をひいきするのか分からず、帝室の評判を地に落とすことに

なってしまいます。

実際のラスプーチンがどんな人物かは謎に包まれていますが、WW1の厳しい状況の中、帝室が国民の信頼を失うことは致命的でした。1916年12月、政治を乱したとしてラスプーチンは貴族に暗殺されました。そしてその翌年、帝政ロシアも300年の歴史に幕を下ろすことになります。

EXTRA

WW1後

解体される国もあれば、独立する国もあり……
WW1後の世界がどう変わったか、見て行きましょう

パリ講和会議とヴェルサイユ条約
(1919)

1914年から始まった戦いがようやく終わり、ドイツもごたごたを乗り越えて共和国として再出発することになります。各国の上司はパリに集まって話し合いますが……?

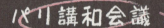
パリ講和会議 → 会場は外務省
　　　　　　↳ 調印は
　　　　　　　ヴェルサイユ宮殿?

ウィルソン　クレマンソー　ロイド・ジョージ
大統領　　　　首相　　　　　首相

●日本やイタリアも参加
●アラビアのロレンスや
　経済学者ケインズも参加

三巨頭

アメリカの理想と英仏その他の国々の言い分

えーと、秘密外交は禁止して、植民地は公正に処理、国際連盟を作って……

お兄さんは一番ひどい目にあったんだから、金はしっかりいただくからな!

アメリカのヤツ、キレイごとを並べやがって……フランスとうまくやらないとな

俺は未回収のイタリアをもらえたら、それでいいんだけど～

私は中国さんの家での権益を認めてもらえれば……で、国際連盟って何ですか?

各国の上司が勢ぞろいして始まったパリ講和会議。最初は実力者ということでアメリカ、イギリス、フランス、イタリア、日本で話し合っていたのですが、ほとんど米英仏の三国で仕切っていました。

ちなみに敗戦国であるドイツやオーストリア、また社会主義国となったソヴィエト連邦の上司は呼ばれませんでした。

フランスのお返し 〜ヴェルサイユ条約〜

▶原作1巻 P24参照

パリ講和会議が行われたのはパリの外務省。ですがドイツが払う賠償金などのもろもろを決めた条約の調印（※）はヴェルサイユ宮殿の鏡の間で行われました。これは1870〜1871年の普仏戦争のとき、フランスに勝ったプロイセンがヴェルサイユ宮殿の同じ場所でドイツ帝国の成立を宣言したことへの意趣返しでした。

はっはっはっ。ドイツ、ヴェルサイユ宮殿を見るのは普仏戦争以来かな？

うぐぐっ……

フランス兄ちゃん、根に持ってたんだね……

まったく戦いは終わったものの

フランスの奴が負けたくせに吹っかけてきたではないか！

←フランスはドイツへの報復に燃えていました。ちなみにドイツは戦いでは負けてないと思っていました

※もちろん、調印にはドイツの代表が出席しました。

イタリアの戦利品 〜南チロル〜

トリエステ
南チロル
ヴェネツィア
フィウーメ（現リエカ）
ローマ

WW1ではあまり活躍しなかったイタリアですが、ヴェルサイユ条約のあとに連合国とオーストリアが結んだサン＝ジェルマン条約で、念願の南チロルやアドリア海沿いのトリエステをゲットしました。ですがもうひとつ、イギリスやフランスと約束していた港町のフィウーメ（※）は手に入らず、後々もめ事のタネになりました。

オーストリアさんから南チロルをもらえたんだ〜♪ あとは……

まったく……私は領土が少なくなって大変ですよ

あ、そーだイタリア。フィウーメをやるって話は忘れてくれ

※現在はクロアチア領でリエカと呼ばれている町。WW1後はパリ講和会議でユーゴスラヴィア王国の町になり、イタリアの詩人に占領されたりしました。

戦後ドイツの苦労

(1921〜1929)

フランスとイギリス、アメリカが話し合った結果、ドイツは戦争にかかった費用を
たっぷり払うことになります。しかし戦争で疲れたドイツに払える金額ではなく……。

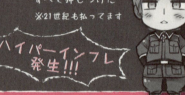

❾ 話し合いで決まったドイツの賠償金

1320億金マルク → 戦争の費用を
すべて押しつけた
※21世紀も払ってます

もちろんまともに払えず…
↓
フランス、ルール地方占領 → ハイパーインフレ
発生!!!

賠償は1320億金マルク+牛9万頭などなど

▶ 原作1巻
P24参照

　何度も行われた話し合いの結果、ドイツが払う賠
償金が決まったのは1921年。金額は1320億金マル
ク(※)! 一説では当時のドイツの稼ぎ全体の約
20年ぶんだとか。プラス家畜などの提供も求めら
れました。無理っぽい金額だと誰もが分かっていた
のですが(特にフランスは)ふたたびドイツに力を
つけさせないために強引に話を通しました。

お金以外の賠償

馬3万頭

乳牛9万頭

羊10万頭

あ〜、毎日毎日
寝ても覚めても
はと時計作って
はと時計作って

ああ!
ああ!
どうにかなって
しまいそうだ!

フランスに
金送って
はと時計
作って

←莫大な賠償で苦労するドイツ。もし、こ
れが本当に払えるほどドイツが儲けまくっ
たり、酪農が盛んになったら、ドイツ以外
の国の経済は壊滅するのではなかろうか、
という無茶なものでした

※金本位制のころのドイツのマルク。ちなみに当時は金1キロ=2790マルク。賠償金に直すと約4730万キロの金(もしくは
それだけの量の金を買えるだけのマルク)で払う……ということになります。現在の価値で200兆円以上になります。

ワイマール共和制

1919年1月。ドイツ国内で選挙が行われ、皇帝に代わる新しい上司たち——首相や大統領——が選ばれました。8月には民主的な内容で有名なドイツ国憲法が制定。議会はベルリンを避けて南ドイツのワイマールで開かれたので、このときのドイツはワイマール（※）共和制と呼ばれます。

コラム 【背後のひと突き伝説】

この頃、「ドイツ帝国軍は戦争に負けたのではなく、国内の裏切り者のせいで負けた」という伝説が広まりました。この説は不況に苦しむドイツ人の心を捕らえ、のちにナチスの台頭につながります。

 このころはベルリンが物騒だったんでワイマールに移ったんだって

 ワイマール憲法はドイツ帝国のよりずっと民主的だったが……

 大統領の力が皇帝と変わらないくらい強かったんだよな

※ワイマールは英語読み。ドイツ語読みだとヴァイマル（Weimar）になります。

未曽有のハイパーインフレ

▶ 原作1巻 P24参照

 コーヒー1杯が何千マルクもするというすさまじいインフレが起きたんだ

 夜にはレストランのメニューの値段が昼より上がってたって話もあるよね〜

 だから、給料をもらったらダッシュで日用品を買いに行ったりしていたな……

ドイツは賠償金の支払いを始めて2年目に、支払いの延期を頼みます。怒ったフランスはベルギーを誘ってドイツの工業の中心地、ルール地方を占拠。結果、ドイツの経済は大混乱になりマルクは暴落、ハイパーインフレが起きます。その後、アメリカの援助でいったんドイツは落ち着きを取り戻します。

兄ちゃんへ 俺、ドイツの家で、お札作る仕事を始めたよ 聞いて驚くなよ 俺の給料は9億マルクです あっ でも卵が32億マルクです びっくりだよね〜！！

 ➡極端なモノ不足で物価が上がり過ぎ、中央銀行はお札を印刷しまくることに。片面印刷の1兆マルク札も登場しました

イタリアの不安、英仏のユーウツ
（1918～1920年代）

戦いに敗れたドイツは苦労しました。一方勝ったはずのイタリアやフランスも左うちわな生活に……とはなりませんでした。WW1はあまりにも長く、激しすぎたのです。

イタリア
借金して参戦したが…
領土は思ったより
得られず、景気悪化

フランス
とにかくドイツが怖い！
つぶしたい！
復興と借金返済で
お金も足りない！
→ドイツのルール地方を占領

→賠償金の
差し押さえとして
あとでドイツに返した

イギリス
経済や工業力は
アメリカに抜かれる
インドなど植民地の
独立運動が活発に

イタリア、貧乏になる？

▶原作1巻
P24参照

もともと（※¹）WW1に参加する余裕はあまりなかったイタリア。借金して戦ったので、戦後は財政が大ピンチ（※²）になりました。パリ講和会議でもらった南チロルやトリエステだけではまるで割に合いません。仕事を失う人が増えてロシアのような革命が求められたり、それに反発する勢力が現れたりとイタリアは騒がしくなっていきます……。

イタリアでもインフレが
進んで大変だったよ

革命が起きそうなくらい
荒れたそうだな

このころのヨーロッパは、
どこも不況でしたしね

そう…この一人の時間が
俺にとっての至福の時…

ドイツ～～～！
仕事ちょうだい！
俺んち
びんぼーに
なっちゃった！

←モノの値上がりは激しいし、失業者
は増えるし、ストライキも激化。イタ
リアも大変な状況になっていました

※¹イタリアは経済の基盤が弱く、統一してからずっと不況気味でした。なので統一後～WW1前は『母をたずねて三千里』
のように、多くのイタリア人が南北アメリカ大陸へ出稼ぎに行きました。
※²工場の経営者や地主は社会主義者はもちろん、自分たちを守ってくれない政府と議会にも不満を持つように。そんな中
で彼らの受け皿となったのがムッソリーニが率いるファシスト党でした。

フランス、ドイツにふっかける？

▶原作5巻 P48参照

お、俺もこのときは大変だったんだから！ ロシアに貸してたシベリア鉄道建設費、踏み倒されるし!!

え、ロシアって誰？ 今の僕はソヴィエト連邦だよ～

ルールの占領で、ドイツの経済は大混乱になったんだ

➡ルールをあきらめたフランスはその後、ドイツの復活を恐れてマジノ線と呼ばれる要塞作りに精を出します

WW1で家の中（国土）をさんざん荒らされたフランス。回復のためにドイツからの賠償金を期待していましたが、支払いが滞ると1923年にドイツの工業の中心だったルール地方を占領します。でも占領にもお金がかかるので1925年に撤退しました。

イギリスのほころび

戦勝国としてドイツの植民地やオスマン帝国の領土をフランスと分け合ったイギリスでしたが、疲れ果ててWW1前のような強い地位は保てなくなっていました。また他の国と同様、多くの前途有望な若者たちを戦場で失ったのも痛手でした。

コラム 【インドの独立運動】

WW1で自治と引き換えにイギリスから協力を求められたインドは多くの兵士をヨーロッパに送りました。でも戦後のイギリスは約束を守らなかったため、インドでは独立運動が盛んになります。

中東に委任統治領を手に入れたが、アメリカへの借金も増えちまったな……

お兄さんもアメリカにはかなり借りてるんだよなー返済が大変だわ……

イギリスからの独立運動を率いたのが非暴力主義で有名なガンジーさんだぞ

オーストリア先生の特別講義 ⑪

独自の道を進もうとするロシア（ソヴィエト連邦）に、目いっぱいの繁栄を謳歌するアメリカ、急に不景気になってしまった日本。それぞれがどんな様子だったのかを見てみましょう。

WW1後の世界
日・米・露の場合

ロシア 1922

ソヴィエト連邦共和国樹立！

アメリカ 1920年代

世界最大のお金持ちに！
お金も貸すよ！

日本 WW1が終わり、在庫の山を抱えることに。さらに天災も!?

ロシアの場合 ～ソヴィエト連邦の船出～

ドイツがベラルーシやウクライナを巻き上げようとしたブレスト＝リトフスク条約はドイツが負けたのでナシになりましたが、WW1後もロシアはゴタゴタしていました。国内の反革命勢力と争ったり、資本主義の他の国から目の敵にされたりしたからです。それでもリーダーのレーニンは何とか国をまとめあげ、1922年にソヴィエト社会主義共和国連邦が成立しました。

コラム 【バルト三国】

18世紀以来、帝政ロシアに支配されていたエストニア、ラトビア、リトアニア。ロシア革命の影響で1918年に独立を宣言しました。

エストニア　ラトビア　リトアニア

 1924年にレーニンが亡くなり、スターリンが後を継いだよ

WW1後の内戦での食糧不足は本当に大変だったの……

 兄さんのソヴィエト連邦には、私と姉さんも参加したわ

アメリカの場合 ～黄金時代の到来～

　WW1中に商いで大儲けし、戦争の被害も比較的少なかったアメリカ。戦後は世界一大金持ちな国になりました。工場では自動車や電気製品がバンバン作られ、映画やジャズなど大衆文化も開花。アメリカは「黄金の20年代」を楽しんだのでした。

お金がたっぷりあるなー　そうだ、ドイツに貸してビジネスしよう！

た、助かる。はと時計では支払いがキツくてな。これでうちも一息つけそうだ

コラム 【アメリカの融資】

　WW1後に十分なお金を持っていた（※）アメリカは、ドイツやオーストリアが賠償金をきちんと支払えるくらい経済的に回復するよう、お金を貸しました。これによりヨーロッパの経済は安定しました。

アメリカのやつ、うまくやってやがるな。……調子に乗りすぎなきゃいいんだが

※アメリカはビジネスにならないことに関しては、WW1前と同じヨーロッパと距離を置く孤立主義に戻っていました。
ヴェルサイユ条約で設立された国際連盟にも、自分が言い出しっぺにも関わらず結局入りませんでした。

日本の場合 ～好景気は長く続かず…～

　　　　　　　　　　ドイツとの戦いを早く終わらせていた日本は、WW1中は連合国への輸出で潤いました。工業が発展し、この時期に現れた大金持ちは成金と呼ばれました。が、戦争が終わると外国にモノが売れなくなり、在庫の山を抱えた日本は不況へ落ち込みます。

WW1後の不況と大震災のダブルパンチは、さすがに痛かったです……

大震災のときはアメリカやイギリスが日本にたくさん支援を送ったんよ

ベルギーさんもアメリカさんとイギリスさんに次ぐ義援金を送ってくれましたね

コラム 【関東大震災】

　1923年（大正12年）9月1日午前11時58分、関東地方一帯はマグニチュード7.9の大地震に見舞われました。特に東京と神奈川の被害が大きく、死者・行方不明者は10万人を越えました。

WW1の終わりとともにオーストリア＝ハンガリー二重帝国とオスマン帝国も終焉を迎えました。多くの民族を抱えた両帝国は、20世紀になってその役割を終えたのかもしれません。

ハプスブルクとオスマンの終焉

◉ オーストリア=ハンガリー二重帝国

- 1916　フランツ・ヨーゼフ1世死去
- 1918　カール1世退位、亡命

→ 帝国崩壊

ハンガリーなど独立
残りがオーストリアに

◉ オスマン帝国

1918　連合国に降伏
1922　トルコ革命で帝政廃止

残されたオーストリア

WW1後、オーストリア＝ハンガリー二重帝国はオーストリア共和国、ハンガリー王国、チェコスロヴァキア共和国に解体されました。フランツ・ヨーゼフ1世の死後に皇帝になったハプスブルク家のカール1世は、戦後にオーストリアを去りました。

急に家（領土）が小さく（※）なったオーストリアはドイツとの合併を望みましたが、ドイツが強くなるのを恐れたフランスの反対などで認められませんでした。

急にみんないなくなってしまったので、やることが増えて困ったものです

ドイツ語を話す同士だから合併もアリだったんだがな。民族自決ブームだったし

ちなみにWW1後には俺もロシアとドイツの間に家を取り戻したんだし！

↑オスマン帝国と争ってきたハプスブルク家のオーストリア帝国ですが、WW1で両者とも滅びたのは奇妙な縁と言えるかも？

　※ドイツ語を話す人々の暮らす地域がオーストリアとして残されました。

ハンガリー～国王は誰に？～

共和国としてオーストリアから離れたと思ったら共産主義革命が起き、さらに反対派が権力を奪って王国になったハンガリー。でも王国なのに国王はいませんでした。候補はいたのですが折り合いがつかず、結局革命を収拾した国民軍司令官のホルティが摂政になって落ち着きました。

コラム 【カール1世の復帰運動】

ハンガリーの国王の候補がオーストリアを去ってスイスにいたカール1世でした。ですがホルティの反対で計画は失敗し、カール1世はポルトガルのマデイラ島に追放され、その地で亡くなりました。

 ホルティはカールでなくハンガリー人から国王を選びたかったの

私から離れた人たちも、いろいろ苦労が絶えなかったんですね

 カールさんは1922年に亡くなったよ。とても信心深い人だったんだって

オスマン帝国からトルコ共和国へ

戦勝国に領地はイスタンブールとアンカラ周辺のみというひどい条件を押しつけられたオスマン帝国。これには国民が大激怒！軍人のムスタファ＝ケマルを中心に決起し、こんな条件を飲んだ上司を追い出して1923年にトルコ共和国を作りました。

 トルコ革命は共和国の誕生だけでなく、ケマルによる近代化を含むこともあるぜ

 このとき……にギリシャとトルコ……は、領土のことで激しく争った

WW1のころのエジプトはイギリスの保護国（※）だったが1922年に独立したぞ

コラム 【国父ムスタファ＝ケマル】

多くの戦いで活躍した軍人で、WW1後に起きた連合国への抵抗運動を指導し、領土の奪還に成功。1923年にトルコ共和国の初代大統領となり、政教分離などトルコの近代化に務めました。

※19世紀のエジプトは半ば独立しつつも一応オスマン帝国に属していましたが、上司の放漫経営でイギリスの進出を招きました。

オーストリア先生の特別講義⑬

WW1中、スペインやオランダなどは中立の立場でした。でも、もちろん無関係というわけでもありませんでした。このころの彼らがどんな状況だったのか簡単に見てみましょう。

中立国たちのWW1

スペイン
ドイツ応援派
VS
英仏応援派
↓
話がまとまらず中立

北欧諸国
ノルウェー
スウェーデン
デンマーク → 中立を保つ

デンマークからアイスランド王国独立

フィンランド
ロシアから独立

ベルギー
中立国として侵入したドイツに抵抗

オランダ
中立国としてドイツやイギリスと貿易

スペインの場合 ～自分のことで手いっぱい～

　WW1のとき、スペインは国内の意見がまとまらず中立の立場を取りました。19世紀末にアメリカに戦争で負けてキューバやフィリピンなどを失い財布が厳しかったこと、残ったアフリカの植民地でもゴタゴタが絶えず、そちらの世話でいっぱいいっぱいだったのもあります。それでも大戦中は連合国との商売で景気が良かったのですが、戦後は不況に見舞われました。

スペイン
スペイン領モロッコ
アフリカ大陸
スペイン領サハラ

 スペインかぜやモロッコの独立運動で国中ガタガタやったんや～（泣）

泣くなよ……。スペインはWW2でも中立だったんだよな

 ロマーノ～。このころはいろいろ大変やったから戦う余裕なかったわ～

北欧の場合 ～商売するもの、独立するもの～

WW1ではそろって中立を表明したスウェーデン、ノルウェー、デンマーク。ちなみにデンマークは戦後、1864年のデンマーク戦争で失った地域の一部をドイツから取り戻します。フィンランドはロシア革命を受けて1917年に独立を宣言。アイスランドも1918年に独立しました。

←デンマークは保存食のグラッシュ（ビーフシチュー）をドイツに販売。味はともかく高く売れたそうです

 ドイツとの貿易は危険だったけど船乗りはすんげぇ稼いだんだべ

王国派もいましたが、フィンランドは共和国に落ち着きました

 僕は独立したけど、デンマークと同じ王様を戴いていたよ

ベルギー、オランダの場合 ～妹は戦乱の中に…～

永世中立国だったにも関わらずWW1が始まると戦いに巻き込まれたベルギーでしたが、戦後に国土を回復しました。一方、オランダは中立を保ちました。ドイツ皇帝ヴィルヘルム2世はドイツ帝国の崩壊後、オランダに亡命して一生を終えています。

うちの家はほとんど占領されて大変やったけど、お兄ちゃんはどうだったん？

コラム 【ベルギー国王 アルベール1世】

WW1中、ドイツを相手に粘り強く戦い抜いたのが国王アルベール1世。連合国相手にも、無茶な作戦にはベルギー軍を参加させないという姿勢をつらぬきました。趣味は登山と車の運転だったとか。

 戦中にドイツにコーヒーを売ろうとしたが、イギリスの目が厳しくてまいったのー

あんなときに商売ってさすがお兄ちゃん……。イギリスはんもやり手やねー

WW1は終わったけれど、それぞれの国同士のケンカは終わっていなかったようで……

WW1で負けちゃった

ドイツ

敬礼は右手だ

了解。

お気楽な

イタリア

俺お前と友達になりにきたんだ！同盟組もうよ！

俺ずっと支配ばっかり受けてきたから友達にずっと憧れててドイツとなれたらなれそうな気がするんだ

極東の小国

日本

イタリア君…ですか

三国同盟に乾杯！

彼らを軸に世界が動き出すことに…？

日本語で「枢軸」ってどうかな？

俺達の家結んでそこから世界が廻るんだよ

ヘルゾーン

でも俺が来たからにはもう安心だぜ！これが俺の家の精鋭たちだ！

遥かなる地より召喚する！さぁ出でよ！

何かでかくてタメ張れるっごい奴！

まあ お兄さんはイタリアに勝っちゃったけどね

偉そうに言うな！

ドイツにあんなに偉いママいてなかったんだよな～だしか！

お前のせいで最悪の形逆流しまったぞうはああ！

やる事は決まってるだろ！

ドイツに宣戦布告だ！

そして運命の 山山2 へ──

To be continued......

95

🏴 ヘタリア的 **WW1こぼれ話④**

～WW1を題材にした作品～

僕やオーストラリアはイギリスと同時に参戦したよ

オーストラリア・ニュージーランド軍団は、ANZACと呼ばれたんだ

プリンスエドワード島

←『赤毛のアン』の舞台となった島にもWW1の影響は及びました

WW1は多くの文学や映画の題材になっています。戦争の悲惨さを描いた『西部戦線異状なし』や『武器よさらば』、1頭の馬の目から戦争を描いた『戦火の馬』などが有名です。

また、カナダの文豪モンゴメリの人気シリーズ『赤毛のアン』の長編のひとつ『アンの娘リラ』はWW1のころのカナダが舞台。兄弟や友人を戦争で失う女性たちの悲しみと、そ

れでも銃後を守ろうと奮闘するたくましさが描かれています。そんな『アンの娘リラ』の見どころのひとつはブライス家のメイド、スーザンの毒舌。面白いのはドイツ皇帝ヴィルヘルム2世と並んで、アメリカのウィルソン大統領もこき下ろされていることです。作者のモンゴメリにとって、WW1になかなか参戦しないアメリカは歯がゆかったようです。

～女性社会の進出～

ファッションも変化

コルセット＋
鳥かごスカートから…

機能的なスーツへ

装飾の多いドレスでは
仕事には不向き……

WW1で色は地味に、
かたちは実用的になる

WW1中、多くの男性が兵士となって戦場に向かったため、女性の社会進出が始まりました。武器工場や経理の仕事、電車やバスの運転手をする女性もいました。その結果、女性のファッションも見た目重視の華美なものから実用性の高いものへ変わっていきました。

彼女たちの多くはWW1が終わり男性が戻ってくると家庭に戻りましたが、女性も男性と同様に働けることがWW1で示されたのです。

この時代のデザイナーで有名なのがココ・シャネル。彼女の作ったソフトなスーツは働く女性にぴったりだったのさ

女性の髪型も変わったんだよ。ボブカットみたいなショートヘアはWW1のあとに登場したんだ〜。カワイイよね〜

ヘタリア的
WW2編
ダブル ダブル ツー

山山1が終わり、平和を取り戻した…はずだったヨーロッパ。だが再び不穏な影が！？

ヨーロッパでは～

その他の国々では～

新たな戦いが始まろうとしていた―

WW2の各国の関係

多くの国が戦ったWW2。下の図以外にもベルギーなどドイツに降伏した国もあれば、中立を保ちWW2末期にのみ参戦を表明した（※）トルコのような国もありました。

枢軸国

フランス	アメリカ	イギリス

日本	ドイツ	イタリア

 VS

中国	ロシア（ソ連）

 ポーランド

オーストリア	ハンガリー	フィンランド

カナダ

連合国

中立

> 僕はロシアさんと戦うために枢軸国側に……

> 俺とノルウェーの家はドイツに占領されたべ

スウェーデン	スペイン

リヒテンシュタイン	スイス

※ ベルギーやオランダは1940年の5月にドイツに降伏しましたが、その後も抵抗運動は続きました。トルコの参戦は形式的なもので実際に戦うことはありませんでした。

ヘタリア的世界年表

(1914～1997)

WW1の始まりから20世紀の終わりまでの間、『ヘタリア Axis Powers』に登場する国々に
起きた出来事をざっと紹介！　全部知っているという人はなかなかの歴史通!?

年代	関わった国	ヨーロッパ・アメリカでの出来事	アジアでの出来事	日本での出来事
1914	ヨーロッパ各国や日本	WW1、始まる ➡P108		WW1に参戦
1917	ロシア	ロシア革命で帝政ロシアが滅びる ➡P109		
1918	ポーランド	ポーランド共和国の独立宣言		
	ドイツ	ドイツで革命が起き、皇帝が退位。WW1が終わる ➡P109		
1919	各国	パリ講和会議が開かれる。ヴェルサイユ条約調印 ➡P110	中国国民党が成立	
1920	各国	英・仏・日・伊などによる国際連盟が成立		
1921			中国共産党が成立	
1922	イタリア	ムッソリーニの独裁政権が成立 ➡P112		
	ロシアベラルーシウクライナなど	ソヴィエト社会主義共和国連邦の樹立宣言		
1923	フランスベルギー	ドイツのルール地方が占領される ➡P111		関東大震災
	トルコ	トルコ共和国が成立		
	ドイツ	ヒトラーによるミュンヘン一揆。失敗するがナチス党が躍進		
1924	ロシア(ソ連)	レーニン、死去。スターリンが後継者に		
1926	ドイツ	国際連盟に加入		
1927				金融恐慌
1929	アメリカ	ニューヨークのウォール街で株価大暴落（世界恐慌）➡P118		
1931	イギリス	ウェストミンスター憲章により、自治領だったカナダやオーストラリアがイギリスと対等になる		満州事変
1932				中国に満州国を作る。五・一五事件

年代	関わった国	ヨーロッパ・アメリカでの出来事	アジアでの出来事	日本での出来事
1933	ドイツ	ヒトラーが首相に就任、国際連盟を脱退 ➡P112,119		国際連盟を脱退
1935	ドイツ	再軍備の宣言		
	イタリア	エチオピアに侵攻する ➡P115		
1936	ドイツ	ラインラントに進駐 ➡P115		二・二六事件
	スペイン	スペイン内乱。フランコが勝利し、独裁を敷く ➡P120		
	ドイツ イタリア	ベルリン・ローマ枢軸 ➡P114		
1937				日中戦争始まる
	イタリア	国際連盟を脱退		
1938	ドイツ オーストリア	ドイツとオーストリアが併合（アンシュルス）➡P116		
	イギリス ドイツ フランスなど	ミュンヘン会談 ➡P117		
1939	ドイツ ロシア（ソ連）	独ソ不可侵条約 ➡P117		
	ヨーロッパ各国	ドイツのポーランド侵攻。WW2が始まる ➡P126		
	ロシア（ソ連） フィンランド	冬戦争が始まる ➡P148		
1940	ドイツ	デンマーク、ノルウェー侵攻 ➡P150		
	イギリス	アイスランド侵攻 ➡P151		
	ロシア（ソ連）	バルト三国を占領		
	イタリア	英仏に宣戦布告。北アフリカ、ギリシャに侵攻 ➡P130,131		
	フランス	ドイツに降伏 ➡P129		フランス領インドシナに進駐
	イギリス	バトル・オブ・ブリテン ➡P154		
	ドイツ イタリア 日本	日独伊三国同盟 ➡P132		
1941	ロシア（ソ連） 日本	日ソ中立条約		

年代	関わった国	ヨーロッパ・アメリカでの出来事	アジアでの出来事	日本での出来事
1941	ドイツ	ソ連に侵攻（バルバロッサ作戦） ➡P160		ハワイの真珠湾を攻撃。太平洋戦争が始まる。オランダに宣戦される ➡P161
1942	ドイツ ロシア(ソ連)	スターリングラード（現ヴォルゴグラード）攻防戦 ➡P162		
1943	イタリア	ムッソリーニ失脚。イタリア王国は連合国に降伏 ➡P163		
1943	アメリカ イギリス ロシア(ソ連)	テヘラン会談		
1944	フランス	連合軍がノルマンディーに上陸 ➡P164		
	フランス	パリ解放 ➡P165		
1945	アメリカ イギリス ロシア(ソ連)	ヤルタ会談 ➡P166 （冷戦の予兆） ➡P167		
	イタリア	ムッソリーニが処刑される ➡P166		
	ドイツ	ヒトラーが自殺、ドイツ降伏 ➡P166		
	アメリカ イギリス ロシア(ソ連)	ポツダム会談		
	ロシア(ソ連)	対日参戦 ➡P167		
	各国	WW2が終わる ➡P167		広島、長崎に原爆投下。日本降伏 ➡P167 マッカーサー来日 ➡P168
	各国	国際連合が成立		
1946	イタリア	国民投票により王制から共和制になる ➡P171		
1947			インド、イギリスから独立 ➡P172	
	各国	パリ講和条約		
1948	ロシア(ソ連)	ベルリン封鎖（～1949年）		
1949	アメリカ イギリスなど	北大西洋条約機構（NATO）成立		
	ドイツ	ドイツ連邦共和国（西ドイツ）成立 ➡P170		
	ドイツ	ドイツ民主共和国（東ドイツ）成立 ➡P170	共産党により中華人民共和国が成立。国民党の蒋介石が台湾に亡命 ➡P173	

年代	関わった国	ヨーロッパ・アメリカでの出来事	アジアでの出来事	日本での出来事
1950	アメリカ 中国など		朝鮮戦争が始まる(〜1953)	
1951				マッカーサー離日。サンフランシスコ講和条約、日米安保条約の調印
1953	ロシア(ソ連)	スターリン死去		
1955	オーストリア	主権を回復。永世中立国になる ➡P171		
	ロシア(ソ連) 東欧諸国	ワルシャワ条約機構が成立		
1956	イギリス フランスなど	スエズ危機 ➡P172		ソ連と国交回復、国連に加盟
1958				東京タワー完成 ➡P169
1959	フランス	ド・ゴールが大統領に就任		
1961	アメリカ	キューバと国交断絶		
	ドイツ	ベルリンに壁ができる		
1962	アメリカ ロシア(ソ連) など	キューバ危機 ➡P173		
1964				東京オリンピック開催 ➡P169
1967	ヨーロッパ各国	ヨーロッパ共同体(EC)成立		
1972				沖縄の復帰、日中国交正常化
1975	スペイン	フランコ死去。王政復古		
1989	ドイツ	ベルリンの壁、崩壊		
	アメリカ ロシア(ソ連) など	冷戦が終わる		
1990	ドイツ	東西ドイツ統一		
1991	バルト三国	ソ連から独立 ➡P173		
	ロシア	ソ連、崩壊 ➡P173		
1993	ヨーロッパ各国	ヨーロッパ連合(EU)成立		
1997			香港がイギリスから中国に返還される ➡P172	
1999			マカオがポルトガルから中国に返還される	

ヘタリア的 WW2こぼれ話①
～WW2 in ヨーロッパの上司たち～

　ここでは、WW2の頃のヨーロッパ各国の上司（※1）の名前と関係を紹介！

　ドイツのヒトラーとロシア（ソ連）のスターリンは思想や家（※2）の場所的に最大の敵同士でした。イギリスのチャーチルもスターリン（と共産主義）は大嫌いでしたがチャーチルはヒトラーと戦うため「敵の敵は味方」といやいやスターリンと手を組みます。一方、枢軸国側でもWW2冒頭のイケイケなドイツにイタリアのムッソリーニが嫉妬を隠せなかったり。

　WW2末期にはアメリカのルーズヴェルトは病死、チャーチルは退陣し舞台を去ります。

ハブられ気味なフランス…

↑WW2初期にドイツに敗れたフランスは、アメリカやイギリスから重要な話をぎりぎりまで教えてもらえないということもありました……。

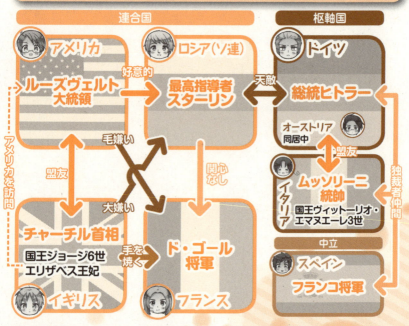

WW2中の人物相関図

連合国

アメリカ — ルーズヴェルト大統領

ロシア（ソ連） — 最高指導者スターリン

好意的 →

枢軸国

ドイツ — 総統ヒトラー

天敵 ⇄

オーストリア同居中

盟友 ⇅

イタリア — ムッソリーニ統帥
国王ヴィットーリオ・エマヌエーレ3世

独裁者仲間

毛嫌い／大嫌い

盟友

関心なし

アメリカを訪問

チャーチル首相
国王ジョージ6世
エリザベス王妃

イギリス

手を焼く →

ド・ゴール将軍

フランス

中立

スペイン — フランコ将軍

　※1 その国の偉い人たちのこと。　※2 その国の領土のこと。

第1章
WW2前夜

1914～1918年にあったWW1で大変な目にあったヨーロッパ。
その後の世界がどうなっていったのかを、
ヘタリアのキャラクターたちが紹介します！

WW2前夜年譜
(1914.6〜1939.8)

WW1の始まった1914年からWW2勃発の直前までに起きたことをまとめました。初めて聖火リレーが行われたベルリンオリンピックや、宝塚歌劇団初の海外公演もこの時期です。

年	日付	出来事
1914	6月28日	サラエヴォでオーストリア大公夫妻が暗殺される（サラエヴォ事件）
	7〜8月	ヨーロッパ各国が宣戦布告。WW1が始まる　➡P108
1917	3月15〜16日	ロシア革命で帝政ロシアが滅ぶ　➡P109
1918	11月9日	ドイツ革命で皇帝ヴィルヘルム2世がオランダに亡命。ドイツ、共和制に　➡P109
	11月11日	WW1、終結
1919	1月18日	パリ講和会議が始まる
	3月23日	イタリアのムッソリーニがイタリア戦闘者ファッシを結成
	6月28日	ヴェルサイユ条約調印　➡P110
1919〜1920		イタリアで社会主義運動が盛んになる　➡P113
1920	2月24日	ドイツで国家社会主義ドイツ労働者党（ナチス党）が結成される
	11月15日	国際連盟第一回総会
1921	11月7日	イタリア戦闘者ファッシ、ファシスト党に改称
1922	10月28日	ファシスト党によるローマ進軍
	10月31日	イタリアでムッソリーニ内閣が成立　➡P112
	12月30日	ロシアでソヴィエト社会主義共和国連邦が成立
1923	1月11日	フランス・ベルギー軍がドイツのルール地方を占領　➡P111
	夏〜秋	ドイツでハイパーインフレが起きる
	9月1日	日本で関東大震災が起きる
	11月8〜9日	ドイツでナチス党のミュンヘン一揆
1924	1月21日	ロシア（ソ連）の指導者レーニンが死去。後継者はスターリン
	8月	アメリカのドーズ案でドイツの賠償金が軽減。ドイツ経済に復興の兆し。同時にアメリカへの経済的依存が始まる
1925	8月	フランス・ベルギー軍、ルール地方から撤退
1928		ロシア（ソ連）で工業化と農業の集団化が進む
	12月1日	ムッソリーニから会津若松市へ寄贈されたローマ碑の除幕式が行われる
1929	6月7日	ドイツの賠償金支払いを軽減するヤング案が発表される
	10月24日	アメリカで株価が大暴落。世界恐慌が始まる　➡P118
1931	9月18日	満州事変が起きる
1933	1月30日	ドイツでヒトラーが首相に就任。WW1の賠償金の支払いを拒否　➡P112
	3月4日	アメリカでルーズヴェルト大統領が就任。ニューディール政策が始まる
		ハンガリーで「暗い日曜日」が発表される　➡P113
1934	7月25日	オーストリアでドルフス首相が暗殺される　➡P114
1935	3月16日	ドイツ、再軍備を宣言
	10月3日	イタリア、エチオピアに侵攻（〜1936）　➡P115
1936	3月7日	ドイツ、ラインラントに進駐　➡P115
	7月17日	スペイン内戦が始まる（〜1939）　➡P120
	8月1〜16日	ベルリンでオリンピックが開催される
	10月	ムッソリーニがローマ・ベルリン枢軸の声明　➡P114
	11月25日	日独防共協定成立
	秋	ロシア（ソ連）でスターリンの粛正が激化
		フランスでマジノ線が竣工
1937	4月26日	スペインのゲルニカが空爆される　➡P121

年	日付	出来事
1937	7月7日	日中戦争始まる
	11月6日	日独伊防共協定成立
1938	3月13日	ドイツ、オーストリアを併合 →P116
	9月29～30日	ミュンヘン会談でドイツがチェコスロバキアのズデーテン地方を併合 →P117
	10月2日	日本の宝塚歌劇団がヨーロッパへ初の公演に（～1939年3月）
1939	3月	ポーランド問題が起きる
	5月22日	独伊軍事同盟（鋼鉄協約）
	8月23日	独ソ不可侵条約 →P117

WW1前のヨーロッパ
1914年ごろ

↑WW1の前にはオーストリア＝ハンガリー帝国が存在し、ドイツは帝政ロシアと国境を接する広さでした。

WW1後のヨーロッパ
1923年ごろ

↑ポーランドの復活に注目！　ドイツの独裁者になったヒトラーは、WW1前のドイツを取り戻そうとしますが？

プロローグ～WW1のあらまし～
（1914～1918）

WW2を語るうえで外せないのがWW1。20世紀初頭、ヨーロッパでの暗殺事件をきっかけに始まった大戦です。多くの人々が倒れ、そして消えた大国もありました。

WW1で戦った国々

フランス
イギリス
アメリカ
帝政ロシア

VS

ドイツ帝国
オーストリア＝ハンガリー帝国
オスマン帝国（トルコ）

でイタリアや日本も参戦！

新兵器も登場！
戦車
戦闘機
潜水艦

ヨーロッパ中を巻き込んだWW1!

▶原作1巻 P13参照

1914年6月28日、サラエヴォ（※）でオーストリア＝ハンガリー帝国の皇位継承者フェルディナントと彼の妻がセルビアの青年に暗殺されました。この事件が発端でオーストリアと後ろ盾のドイツ帝国、そしてセルビアの後ろ盾だった帝政ロシア、ロシアと同盟を結んでいたフランスやイギリスなどが雪だるま式に戦いになりました。

1914年のヨーロッパ

デンマーク　スウェーデン
イギリス
オランダ
ベルギー
ドイツ帝国
帝政ロシア
フランス
スイス
オーストリア＝ハンガリー帝国
イタリア
サラエヴォ・セルビア
ルーマニア
ブルガリア

 このスナップはイタリアとオーストリアの国境の戦線でのひとコマだな

 このときのイタリアは俺たちの仲間だったが役に立たなかったな……

思い出スナップ

 懐かしいな～。俺はこのあと、ドイツの家に連れていかれたんだよね

※現在はボスニア・ヘルツェゴビナ領

WW1の特徴 ～塹壕戦と新兵器～

→西部戦線では、ドイツとフランスの国境線に沿って塹壕が掘られました。

←初めて実戦に投入されたイギリスの戦車。故障も多発したとか。

→最初は偵察任務が主でしたが、技術の発展で戦闘も行うように。

WW1の頃、武器の性能は前世紀より飛躍的に進歩していました。が、軍の考え方は昔のまま。結果、機関銃が配備された陣地に多くの兵士が突撃しては餌食になるという悲劇が繰り返されました……。敵味方とも弾を避けるための塹壕を地面に掘ってこもり、文字通り戦いは泥沼化。特にドイツと

フランスが睨み合った西部戦線の悲劇は有名です。この経験はフランスのトラウマになります……。また、塹壕を越えるために新たな戦術や戦車が登場しました。

なお、WW1では、かのアドルフ・ヒトラーもドイツ軍で戦いました。彼は当時の新兵器だった毒ガスで一時的に失明しています。

戦いの果てに… ～崩壊した帝国たち～

1918年の秋、戦いの長期化や食べ物の不足に疲れ果てたドイツで革命が起こり、皇帝ヴィルヘルム2世はオランダに亡命。WW1はうやむやのうちに終わります。

戦後に結ばれたヴェルサイユ条約では、ドイツに目玉が飛び出そうな賠償金や厳しい軍備の制限が課せられました。ドイツ側で戦ったオーストリア＝ハンガリー帝国とオスマン帝国（トルコ）も解体。一方、フランスやイギリス側で戦った帝政ロシアもレーニンたち共産主義者による1917年のロシア革命で崩壊。ソヴィエト連邦として新たな国作りを始めます。WW1はヨーロッパに大きな変化をもたらしたのでした。

私の上司で、国父と呼ばれたハプスブルク家のフランツ・ヨーゼフは1916年に亡くなりました

俺は1917年にイギリス側で参戦。戦争特需で景気がすごく良くなったぞ

私もイギリスさんやフランスさん側で、ドイツさんと中国さんの青島などで戦いました

WW1の後始末

（1918～1920年代）

海を隔てたアメリカはともかく、各国とも疲れ果てグダグダになって終わったWW1。
中でも敗戦国になったドイツやオーストリアは大変なことに……。

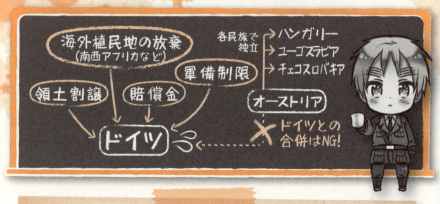

ドイツ、借金返済の日々～ヴェルサイユ体制～

▶原作1巻 P24参照

WW1後、ドイツの処遇を決めたヴェルサイユ条約を中心に英仏が主導したのがヴェルサイユ体制。ドイツは多額の賠償金を払う（※1）ことになり、武力を制限され、一部の領土を失います。すでにヘトヘトのドイツには酷な要求でしたが、イギリスやフランスも戦争で被害を受けた国民の手前、厳しくならざるを得ませんでした。

↑アルザス＝ロレーヌ地方はフランス領に。南西アフリカはイギリス統治下になりました。

支払う賠償金があまりに高過ぎて、すぐに行き詰まってしまったな……

思い出スナップ

戦争であんまり得しなかった俺んところも、すっごい貧乏になっちゃったんだ～……

※1 ドイツは21世紀までWW1の賠償金を払っています。ヴェルサイユ条約とは早い話、ドイツを二度と立ち上がれないようにするのが目的でした。

オーストリア、解体される

　ドイツと同じくWW1で敗れたオーストリア＝ハンガリー帝国。いろいろな民族を抱えたこの帝国は解体され、ハンガリーなどそれぞれの地域が独立しました。その結果、残った部分がオーストリアです。むろん領土は大きく縮小……。しかしドイツといっしょになることは認められませんでした（※2）。

産業のある地域が独立したので、お金（税収）がなくなって苦労しました

私は1920年にハンガリー王国になったの。王様はいなかったんだけどね（※3）

※3 ハプスブルク家に替わる国王が見つからず、代行として元軍人のホルティ・ミクローシュが国家元首になりました。

▶WW1前　　オーストリア＝ハンガリー帝国

▶WW1後　　オーストリア　ハンガリー

※2 オーストリアとして残された地域には多くのドイツ系の人々が住んでいました。民族という視点からするとドイツとくっついてもおかしくなかったのですが、ドイツが強くなってはかなわないということで別々のままにされました。

フランス、ふっかける

▶原作1巻 P24参照

▶ルール地方の地図　　ドイツ　ルール地方　フランス

　WW1でもっとも被害を受けたフランス。復讐に燃えて多額の賠償金をドイツに押しつけました。ドイツの支払いが滞ると1923年、借金のカタとばかりにルール地方を占領します（※4）。が、軍をドイツに居座らせるのにもお金がかかるので結局撤退。この後、フランスは国外のことに背を向けていくのでした……。

お兄さんはひどい目にあったんだし、このくらいはね？

このときはウチもフランスさんに誘われて力を貸したんよ（※5）

思い出スナップ

ルール地方は石炭や鉄鋼を産出する工業の重要な場所だったんだ

※5 ベルギーはWW1でドイツがフランスに攻め込む際の通り道にされ、大変な目にあったのでした。

※4 軍を制限されているドイツに対するフランスの占領はさすがにイギリスに批判されました。

暗雲ただようヨーロッパ

（1920年代～1930年代前半）

WW1が終わり、戦後の話し合いも一段落して平和を取り戻したヨーロッパ。
ですが、貧乏にあえいでいたドイツやイタリアでは不満が高まりつつあって……？

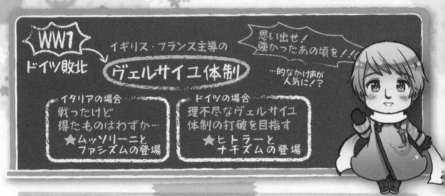

WW1
ドイツ敗北

イギリス・フランス主導の
ヴェルサイユ体制

思い出せ！
強かったあの頃を！！

…的なかけ声が
人気に！？

イタリアの場合
戦ったけど
得たものはわずか…
★ムッソリーニと
ファシズムの登場

ドイツの場合
理不尽なヴェルサイユ
体制の打破を目指す
★ヒトラーと
ナチズムの登場

ファシズムやナチズムの台頭

　1922年、イタリアでファシスト党の党首のベニート・ムッソリーニが民兵である黒シャツ隊（※1）を率いてローマへ進軍。イタリア国王ヴィットーリオ・エマヌエーレ3世は彼に国政を託しました（※2）。その影響でドイツでも1923年にナチス党のアドルフ・ヒトラーがクーデターを起こします。このときは失敗に終わりましたが、1933年に合法的に政権を握りました。

コラム【ベニート・ムッソリーニ】

イタリアの政治家でファシズム（※3）の生みの親。役者のように弁舌さわやかな人物だったそうです。父親は鍛冶屋。当時の日本でも彼の演劇（※4）が発表され、その立身出世が話題になったとか。

➡福島県の飯盛山にはムッソリーニから贈られた古代ローマ時代の石柱を使った記念碑があります。

柱。

※1 この時代には社会主義者などとの争いが激しく、暴力沙汰も多かったので党が私兵を持つことが珍しくありませんでした。ちなみに、黒い軍服を着ていたので黒シャツ隊。
※2 当時のイタリアでは帝政ロシアで起きたような社会主義革命が起きる恐れがあったため、社会主義者と敵対するムッソリーニに国王は協力しました。
※3 ファシスト党の思想（？）。個人は国家（独裁者）のために尽くすべきで反対する者は許さないという考え方ですが、わりと場当たり的だったり…。ナチズムはナチス党の思想ですが、中身はファシズムと似たり寄ったりです。
112 ※4 1928年の宝塚の演目にもムッソリーニが登場。また1938年には宝塚歌劇団がローマを訪問しムッソリーニも観劇しました。

独裁者たちが現れた背景

▶ 原作1巻
P24参照

コラム【アドルフ・ヒトラー】

ドイツのナチス党の党首。オーストリア出身。若い頃は画家志望でWW1にも参加。ヴェルサイユ体制を打破し、強いドイツを取り戻そうとしますが？

兄ちゃんへ♪ 俺、ドイツの家で、お札作る仕事を始めたよ

聞いて驚くなよ 俺の給料は9億マルクです あっ でも今は32億マルクです びっくりだよね〜!!

思い出スナップ

イタリアでは不景気に加え、ロシアで生まれたソ連の影響で共産主義者による革命が起こりそうな勢いで、彼らを嫌うお金持ち層はファシスト党を応援しました。

またドイツ（※5）では、ヴェルサイユ条約でWW1の責任をすべて押しつけられるわ、超インフレになるわで大変なことに。人々は強い指導者を求めていました。

フランス兄ちゃんがドイツのルール地方を占領したとき、すごいハイパーインフレが起きたんだよ

ドイツではコーヒーを一杯飲むのにも札束が山のように必要だった、なんて話も残ってるらしいな

※5 ドイツだけでなく、オーストリアなど他のWW1の敗戦国も同様にヴェルサイユ体制に怒っていました。

「暗い日曜日」

▶ 原作6巻
P92参照

亡くなった恋人を偲ぶ歌で有名な「暗い日曜日」は1933年にハンガリーで生まれました。この歌を聞いて自殺した人が出たらしいという噂があったとか。ことの真偽はともかく、そんな噂が流れてもおかしくないような空気がハンガリーをはじめ、ヨーロッパ全体を覆っていたのかもしれません……。

暗い曲調だけど、美しくてロマンチックな歌よ

フランス語で歌われたバージョンが特に有名なんだ

当時は俺の家でも放送（※6）が禁止されたんだよな

永遠に眠らせる気か!?

がお

Szomorú vasárnap száz szaz fehér virággal〜♪

←ハンガリー語の原題はSzomorú vasárnap（ソモルー・ヴァシャールナプ）。悲しい日曜日という意味になります。

※6 この当時はラジオ。イギリスのBBC放送局は1922年に開局しています。

113

成立！ ベルリン・ローマ枢軸（すうじく）

（1936）

イギリスやフランスが中心のヴェルサイユ体制のもとで我慢を強いられるのも限界になってきたイタリアとドイツ。そんな彼らが手を組むのは当然の成り行きで……!?

1934.7	1935.10	1936.3	1936.10	他に枢軸(Axis Powers)に加わった国々
オーストリアでドルフース首相暗殺 →	イタリア、エチオピアを侵攻 →	ドイツ、ラインラント右岸へ軍を駐留 →	ローマ・ベルリン枢軸	・日本 ・ハンガリー ・フィンランド ・ブルガリア ・ルーマニア など

彼らを中心に世界は回る!?（イタリアとドイツ）

▶ 原作1巻 P129参照

オーストリア首相暗殺事件で仲がこじれていたムッソリーニとヒトラー。しかしエチオピア遠征やラインラント進駐でそれぞれ国際社会からつま弾きにされたイタリアとドイツは1936年に協力することにします。このときムッソリーニが自分たちを指して使ったのが「枢軸」（※1）＝自分らが世界の中心であるという呼び方でした。

コラム【オーストリア首相暗殺事件】

1934年、オーストリアのドルフース首相が暗殺されました。犯人はオーストリアのナチス党員。ヒトラーの指示ではありませんでしたが、ドルフースと親しかったムッソリーニは激怒しました。

イタリア語ではPotenze dell'Asseって言うんだよ

ぽ、ぽてんつぇでらっせ……って感じでしょうか

日本語で「枢軸」ってどうかな？

俺達の家結んでそこから世界がくるくる廻るんだよ

思い出スナップ

ドイツ語だとAchsenmächte（アクセンメヒテ）だな

※1 この時点ではムッソリーニのほうが立場が上でした。なので、この協力関係は最初「ローマ・ベルリン枢軸」と呼ばれたのですが、ドイツが強くなるにつれて「ベルリン・ローマ枢軸」と呼ばれるように……。

イタリア、エチオピアへ

以前から不景気だったのに世界恐慌（→P118）でさらに財布が苦しくなったイタリア。ムッソリーニは「古代ローマ帝国の再興」をスローガンにアフリカのエチオピアに進出します。イギリスやフランスのような植民地の獲得はイタリアの悲願（※2）。何とかエチオピアを手に入れたもののイタリアは国際連盟（※3）から追い出され、同じくぼっちだったドイツや日本に近づきます。

↑装備に不安なことが多いイタリアですが、このときは頑張りました。

※2 イタリアは19世紀末にもエチオピアを手に入れようと戦いましたが返り討ちに。このとき同盟を結んでいたドイツ帝国が手を貸してくれなかったのが、WW1でイタリアがイギリスやフランス側についた理由のひとつでした。
※3 ドイツは1933年、ヴェルサイユ体制を打破しようとするヒトラーが政権を握って脱退。日本も同年、中国に満州国を作ったものの国際連盟に認められなかったので脱退を表明しました。

ドイツの賭けだったラインラント進駐

ドイツの再軍備を宣言したヒトラーは1936年、非武装地域にされていたラインラントに軍を送ります。実はフランスが反撃すれば引っこむ（※4）つもりだったのですが、フランスはひとりでドイツと戦うのが嫌で見逃すことに……。こうしてヒトラーのヴェルサイユ体制打破の第一歩は成功しました。

 ラインラントに来られてフランス兄ちゃんは怒らなかったの？

 お兄さんはドイツとやり合うよりマジノ線を作ってるよ……

 ラインラントは昔から神聖ローマ帝国やプロイセン兄貴が争ってきた因縁の場所だ。白ワインの産地としても有名だぞ

※4 再軍備を始めたばかりのドイツでは、フランスと正面から戦ったら勝ち目はありませんでした。ラインラントはドイツの大切な場所なので、もしフランスが打って出ていればヒトラーの面目は丸つぶれになっていたかも？

複雑怪奇!? 風雲急を告げるヨーロッパ
(1938 ～ 1939)

公然とヴェルサイユ体制への挑戦を始めたヒトラーが率いるドイツ。フランスやイギリスは
何とかドイツをなだめようとしますが、いまいち足並みがそろわなくて……。

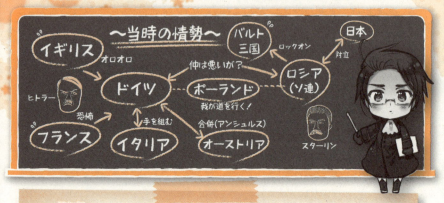

合併〜オーストリア、ドイツと同居する

▶ 原作1巻 P36、
原作6巻 P58参照

　WW1の後、民族自決（※1）の原則に
よってバルト三国、ハンガリーなどが独立
しました。が、民族でまとまるというなら、
ドイツ民族の国であるオーストリア（※2）
はドイツとひとつになるべきという考え方
も出てきます。渋っていたイタリアも今は
枢軸の仲間。かくてドイツは1938年3月
13日、オーストリアを併合します。

1938年のヨーロッパ

ヒトラーがオースト
リア生まれなの
もあってオースト
リア市民には歓迎
されたぞ

思い出スナップ

私の上司たちはドイツ
はともかく、
ナチスのことは好
きではなかったん
ですけどね

以前は大反対して
いたうちの上司た
ちも、民族自決っ
てことで合併を認
めたんだ

※1 各民族は自分たちの意志でどの国に属するか決める権利があるという考え方。ポーランドやバルト三国は帝政ロシア、ハンガ
リーはオーストリア＝ハンガリー帝国から独立しました。ちなみに適用されたのはヨーロッパのみ。

※2 19世紀には、オーストリアはプロイセンとドイツ統一の盟主を争いました。

ミュンヘン会談にて

ついにドイツとオーストリアを併合したヒトラー。ですが、ヨーロッパにはまだドイツ系の人々が多い地域がありました。チェコスロバキアのズデーテン地方です。軍をちらつかせるヒトラーにチェコスロバキアも懸命に抵抗しましたが、ミュンヘンで行われた国際会議で最終的にズデーテンはドイツのものと決められました。

コラム【冴えたヒトラーのカン】

戦争寸前になったズデーテン情勢ですが、強気に押せばイギリスやフランスは手を出してこないというのがヒトラーの読みでした。

ドイツ　ポーランド
ズデーテン地方　チェコスロバキア

 ふぅ。何とか戦争にならずにズデーテンを手に入れることができたな

 戦争にならなかったということで、当時のチェンバレン英国首相は平和を守ったと大喝采されたが……

 ……ドイツ、もうこれで領土でもめるのは終わりにしてくれよ!? お兄さんと約束だぞ!?

電撃的和解!? 独ソ不可侵条約

欧米文化は複雑怪奇です。

いえ！私はさっきおにぎりを食べましたから！

← 突然の和解に、日本では欧州情勢は複雑怪奇と呼ばれました。

コラム【ヨシフ・スターリン】

ロシアにソ連を誕生させたレーニンの後継者で、当時のソ連の指導者。WW1後にロシア（ソ連）の工業化や農業の集団化を進めました。政治的なライバルや自分を批判する者は容赦なく粛清しました。

ヒトラーが次に狙ったのはポーランドが管理する自由都市ダンツィヒ。しかしポーランドに手を出せばロシア（ソ連）が黙っていないかも……。一方、ロシア（ソ連）のスターリンはドイツを好きにさせている英仏に不信感を持ちます。しかも極東では日本ともめていました（※3）。今は争いたくない両者は条約を結ぶことに!?

※3 ノモンハン事件。1939年5月、満州国とモンゴルの国境で日本とロシア（ソ連）の軍が衝突しました。

フランスお兄さんの特別講義 ①

特別講義ではお兄さんが原作にあまり登場していない部分をフォローするぞ。まず取り上げる事件は、あの有名な1929年の世界恐慌だ！

〈1929〉 世界恐慌

アメリカの景気の波

```
1918
WW1終戦

1929
10.24
「暗黒の木曜日」
```

↑
「黄金の1920年代」経済大成長！
ドイツに投資

・国民の1/4が失業
・投資引き上げ
・株価8割下落
・経済ブロック化
etc…

世界中を巻き込んだアメリカの大恐慌

　WW1で戦場にならなかったアメリカは戦争特需で大儲けしました。戦後もボロボロのヨーロッパにはアメリカの助けが必要でした。どんどん工場を建て、商品を作ってヨーロッパに売ったりで1920年代のアメリカ経済は絶好調！　しかし、ヨーロッパが回復してくると在庫の山を抱えることに……。そして1929年10月24日、ついに株価が大暴落。底なしの不況が始まります。

コラム【フランクリン・ルーズヴェルト】

下半身に障害を持ちながらも、1933年から4期に渡ってアメリカ大統領を務めた人物。切手の収集や推理小説が好きという一面もありました。

アメリカではルーズヴェルト大統領のニューディール政策（※1）などで恐慌を乗り切ろうとしたぞ

※1 大規模な公共事業などで雇用を確保しようとしましたが効果はいまひとつ。ですが、政府が初めて景気に干渉したという点で大きな意義がありました。

俺やフランスは植民地が多かったから内輪だけで貿易するブロックを作って家を守ったんだ（※2）

※2 外国から安い輸入品が入らないようにして国内の産業を保護しました。このやり方をブロック経済と呼びます。なお、これが出来るのは十分な植民地があったり国土が広かったりで自給自足出来る国に限られます。

僕の家はこの頃、アメリカ君たちと交流がなかったから世界恐慌の影響はなかったんだよ（※3）

※3 代わりにスターリンによる粛正の嵐が吹き荒れていくことになります。

世界を覆った負のスパイラル！

賠償金の支払いやフランスのルール地方占領で起きたハイパーインフレで息も絶え絶えなドイツでしたが、お金が余っていたアメリカの投資（※4）で持ち直しました。が、大不況でアメリカはドイツどころではなくなります。結果、アメリカ撤退→ドイツはイギリスやフランスに賠償金が払えなくなる→イギリスやフランスはアメリカにWW1の借金を返せなくなる→アメリカが困る……というドミノ倒しが始まります。

> **コラム【ナチス党が支持された理由】**
> ドイツではハイパーインフレで人々の貯金が吹き飛んでおり、そこに今度は恐慌による失業の嵐が吹き荒れました。ナチス党がドイツで支持されたのは、彼らが失業者対策に力を入れたからでもあります。ちなみにナチス党が政権を握ったのは1933年のことです。

↑イタリアでも大不況の影響で社会が不安定になっていきました。

※4 アメリカはドイツと商売をして稼ぐため、ドイツを元気にしようと考えて援助しました。その結果、アメリカとドイツの財界は強い結びつきを持つようになります。

恐慌のアメリカを支えたサツマイモ

1938年の児童小説『子鹿物語』には、毎日サツマイモを食べていたという描写があるんだ

我が家でもWW2中にはとてもよく食べられました。茎や葉っぱをみそ汁に入れたりもしましたね

いや、俺のところでは葉っぱは食べなかったぞ

……

←アメリカでは、中身がオレンジ色のサツマイモが主流だそうです。

やせた土地でも育ち、初心者でも栽培しやすいサツマイモ。日本でも江戸時代に飢饉対策に栽培されていました。アメリカでも世界恐慌でモノがなくなった時代には、多くの人々がサツマイモを食べてしのいだそうです。ちなみに、もともと温かい地方の植物なためか、ヨーロッパではジャガイモほどメジャーではありません。

119

フランス お兄さんの 特別講義 ②

スペインでは王が1931年に亡命して共和国が誕生したんだが、国をまとめられず軍が反乱を起こしたんだ。これがスペイン内戦ってやつで……。

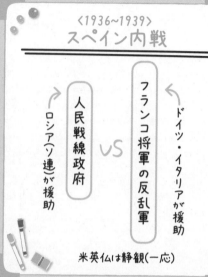

〈1936〜1939〉
スペイン内戦

ロシア(ソ連)が援助 → 人民戦線政府 VS フランコ将軍の反乱軍 ← ドイツ・イタリアが援助

米英仏は静観(一応)

スペイン内戦〜WW2の前哨戦

1936年、政治的なぐだぐだが絶えなかったスペインで首都マドリードの人民戦線政府と、フランコ将軍が率いる反乱軍による内戦が起きました(※1)。反乱軍にはドイツとイタリアが、人民戦線政府にはロシア(ソ連)が応援を送り、戦いは激しくなっていきます。最終的には1939年にフランコ将軍の反乱軍が勝利しました。

コラム【フランシスコ・フランコ】

内戦に勝ちスペインの独裁者になった人物。ヒトラーと巧みに渡り合い、再三の参戦要求をかわしてWW2では中立を守り抜きます。戦後も彼の独裁体制は揺るぎませんでした。1975年に死去。

中世から争いの絶えないスペインでした…

→無敵艦隊の時代以降は、何かと国内外でもめていたスペイン。

※1 もっとも、どちらも全然一枚岩ではありませんでした。

ドイツの格好の実戦訓練だった!?

ヒトラーやムッソリーニと思想の近いフランコはドイツとイタリアに協力を求め（※2）、彼らも支援を送りました。ドイツとイタリアが1936年10月にベルリン・ローマ枢軸を結ぶほど親しく（？）なったのには、この件も影響しています。

またドイツは再軍備を進めていたので、新しい軍の実戦訓練になるとヒトラーは考えたようです。かくて、多くの戦車や戦闘機がスペインに送り込まれました。特にスペイン北部にある町、ゲルニカで行われたドイツ空軍の爆撃は有名です。

スペイン地図

フランス
ゲルニカ
バルセロナ
ポルトガル
マドリード
スペイン

L3豆戦車も登場

→イタリア自慢（？）の豆戦車、L3も投入されました。

俺の隣に乗っていいよ……のッ

あ

ぎゃあ！壊れた─！！

※2 反乱軍と戦ったスペインの人民戦線政府はイギリスやフランスに支援を求めました。が、彼らはドイツを怒らせたくなかったのと人民戦線に社会・共産主義者が多かったことから手を出しませんでした。結局支援したのはロシア（ソ連）のみです。

ゲルニカの空爆

ピカソは子供の頃から絵がめちゃ上手くて画家の親父さんが自信なくしたそうや

絵画『ゲルニカ』は縦3.5m、横7.8mもある大作だ。今はマドリードにあるんだぞ

ピカソはWW2中、ナチスに占領されたパリに残って制作を続けたんだ

スペイン北部のバスク地方にある古都、ゲルニカで1937年4月26日にドイツ空軍によって世界初の無差別都市爆撃が行われ街は壊滅しました。当時フランスにいたスペイン人の画家、ピカソはこの事件をモチーフに、ナチスへの抗議の意味を込めて大作『ゲルニカ』を制作しました。

コラム【パブロ・ピカソ】

1881年に生まれたスペイン出身の天才画家。WW1やWW2など激動の時代を生きました。共産主義思想の持ち主で、ナチスやフランコ将軍をとても嫌っていたそうです。1973年に死去。

ヘタリア的 WW2こぼれ話 ②
～ドイツのナイショに迫る！～

テープレコーダーが大活躍！

まだCDやDVDがなかったWW2の時代、ドイツのラジオからはヒトラーの演説や音楽が、当時としては高音質で長々と流れていました。これらはWW2前にドイツが開発した優れた磁気テープを使った録音（※1）でした。この技術は戦後にアメリカが持ち帰り、民間でも広く使われるようになります。

← 音質が良かったので、連合国は生演奏と思ったとか。

※1 最初に発明したのはデンマークのヴォルデマール・ポールセンです。

三食昼寝つきとは行かないけれど…

ナチス党がドイツで支持されたのは、世界恐慌で不安定な時期に労働者の生活の向上や失業者対策に力を入れたのが大きな理由。労働時間を8時間以内に抑えたり、労働者に海外旅行を提供するなどしました。さらにコンサートのような舞台演出で人々を楽しませた党集会など、プロパガンダも巧みでした。

← WW2中、妻の誕生日に休暇を取った将軍もいます。

エコにうるさかった？

1933年、ヒトラーが失業対策にぶちあげた国家事業が世界初の本格的な高速道路・アウトバーンの建設。軍の移動も便利になるナイスアイディアでしたが、ただ造ったのではなく景観との調和も考えられました。また、この当時のドイツでは禁煙運動や工場のアスベスト（※2）対策なども行われています。

← エコやロハスにはWW2の頃からうるさかったドイツ。

※2 石綿。空中に飛散した細かい繊維を大量に吸うと肺がんなどの原因になります。1970年代以降、各国で人体や環境への悪影響が問題になりました。

ドイツの「夜」のお話

優秀なドイツ民族を増やすことを目標としていたナチス党。産めよ増やせよ……というわけで、男女の交際や出産が奨励されました。当時の映画や出版物には女性のヌードが登場することも珍しくなかったとか。一方で厳しく弾圧されたのが同性愛者。特に男性間の同性愛は問題視されました（※3）。

← 真面目なようでいて、エッチにも熱心なドイツ!?

※3 男性間の同性愛は軍など男性的な組織には必ず発生してしまうものでした。ヒトラーの友人でナチスの突撃隊の隊長だったエルンスト・レームは男色家として有名です。

第2章
WW2前半

WW1が終わってからおよそ20年後。
気づけば世界中で戦いの火種がくすぶっていて……!?
何が起きたかをドイツやイタリアたちに解説してもらいましょう。

WW2前半年譜
(1939.9〜1941.5)

ついに始まってしまったWW2。1940年の春に一気に進撃したドイツ軍は、あっという間に北欧やオランダ、ベルギー、フランスまでも攻略しましたが？

年	日付	出来事
1939	9月1日	ドイツ軍、ポーランドに進撃。WW2が始まる ➡P126
	9月3日	イギリスとフランスがドイツに宣戦布告
	11月30日	ソ連とフィンランドによる冬戦争が始まる ➡P148
1940	4月9日	ドイツ軍、デンマークとノルウェーに侵攻 ➡P150
	5月10日	ドイツ軍、オランダ、ベルギー、ルクセンブルクに侵攻。ロンメル将軍の師団が12日までにアルデンヌの森を横断 ➡P128
	5月10日	イギリス軍、アイスランドに侵攻 ➡P151
	5月26日	イギリス・フランス連合軍、ダンケルクから撤退（〜6月4日）➡P129
	6月10日	パリが放棄される
	6月10日	イタリア、イギリスとフランスに宣戦布告 ➡P130
	6月中旬	ソ連、バルト三国を占領（同年7月に併合）
	6月21日	フランスが降伏 ➡P129
	6月22日	独仏休戦協定
	6月28日	イギリス、ド・ゴールを自由フランスの長と認める ➡P129
	7月2日	フランス政府、ヴィシーへ移転
	7月3日	イギリス艦隊、メルス・エル・ケビールでドイツ軍の手に渡らないようフランス艦隊を撃破
	8月中旬	バトル・オブ・ブリテンが激化 ➡P154
	9月13日	北アフリカのイタリア軍がエジプトに侵入 ➡P131
	9月27日	日独伊三国同盟締結 ➡P132
	10月28日	イタリア軍、ギリシャに侵攻 ➡P131
	12月9日	イギリス軍、北アフリカでイタリアに反撃開始 ➡P134
	12月18日	ヒトラー、対ソ連戦の準備を命じる
1941	3月11日	アメリカで武器貸与法が成立。連合国へ大量の物資を送ることが可能に
	4月13日	日ソ中立条約
	5月10日	ルドルフ・ヘスがイギリスに単独飛行 ➡P146

↑北アフリカ戦線にはイギリスの自治領のひとつだったオーストラリアも応援に。

↑この頃のアメリカは中国の国民党にも協力。中国と商売したいアメリカなのでした。

1 ポーランド侵攻

2 北欧侵攻

3 フランス侵攻

4 バトル・オブ・ブリテン

5 北アフリカ戦線

6 ギリシャの戦い

7 スターリングラードの戦い

WW2、勃発！ ドイツのポーランド侵攻

（1939）

ラインラントへの進駐から始まり、オーストリア、ズデーテンと
次々に家を広げることに成功したヒトラー。それでも彼の野望は止まらなくて!?

1936.3 ラインラント進駐
1938.3 オーストリア併合
1939.3 チェコ併合

そして…

1939.8 独ソ不可侵条約
締結ののち

1939.9.1
ドイツ、
ポーランド
を侵攻

→ 英仏はドイツに
宣戦布告
（実はソ連のことも
アテにしていた）

英仏のヘタレさに
あきれて
ドイツに接近

→ ロシア（ソ連）も続いて
ポーランドを侵攻

ポーランドを狙ったドイツだが!?

▶ 原作1巻
P132参照

ポーランド周辺地図

ダンツィヒ

ドイツ

フランス

東ポーランド
西ポーランド

ロシア
（ソ連）

ドイツ、大丈夫かなあ……。イ
ギリスたちが怒ってるよ〜

条約は結んだけど
ヒトラーを信用した
わけではなかったよ

ポーランド管理下にあった自由都市ダン
ツィヒ（※1）はかつてのドイツ領。ヒトラーは
編入を求めましたが、ポーランドはあっさり却
下しました。ヒトラーは怒りますがポーランド
を攻めればロシア（ソ連）やフランス（※
2）が出てくるかもしれない。そこでヒト
ラーは独ソ不可侵条約を結んでからダン
ツィヒのポーランド軍を攻撃します。時
に1939年9月1日。WW2の始まりです。

思い出スナップ

※1 現在はポーランド圏内で、グダニスクと呼ばれています。ポーラン
ド有数の港湾都市。WW1後、ヴェルサイユ条約によってドイツと切り
離され自由都市になっていました。
※2 当時ポーランドはロシア（ソ連）と不可侵条約、フランスと同盟を
結んでいました。また、イギリスもドイツを抑える力を強めようと1939
年8月25日にポーランドと同盟を結びました。

続いてロシア（ソ連）もポーランドへ！ そしてバルト三国も…

　ドイツがポーランドに侵入してからおよそ二週間後、今度はロシア（ソ連）が東側からポーランドに攻め込みました。独ソ不可侵条約で、ドイツとロシア（ソ連）はポーランドを半分こと決めていたのです。結局イギリスやフランスの援助も行われず、ポーランドの抵抗もここまででした……。

　さて、ポーランドの東半分がロシア（ソ連）領になるとバルト三国は地理的に孤立します。こんな絶好のチャンスを見逃すロシア（ソ連）ではありません。独ソ不可侵条約でバルト三国を自分の勢力範囲と決めていたロシア（ソ連）は、彼らに自分たちの軍を置くことを強引に認めさせます。

急にごめんねー。同志の軍隊をみんなのところに置かせてほしいんだけど構わないよね？

は、はいい！（ここで逆らったら何されるか分からないし……）

というわけで、フィンランド君のところもよろしくね？

というわけで、じゃないですよ!? 困ります！

まやかし戦争〜嵐の前の静けさ？

俺はドイツもロシア（ソ連）も怖くないし〜。ってドイツ突然すぎるし！　ぎゃー!?　謀られた……し……

ポーランドがやられたか……。フランス、もう見過ごすことはできないぞ。お前んとこのマジノ線の出番だ！

本当ならズデーテンのように戦わず（※3）に手に入れたかったんだが……。さて、次はどうしたものか

　ポーランドが攻撃され、ついにイギリスとフランスは黙っていられなくなりドイツに宣戦布告。この展開はヒトラーにとって予想外でした。イギリスやフランスとの戦いは避けようとしていたムッソリーニも焦ります。一方、イギリスとフランスもまだ本気で戦うつもりはなく、双方とも動かない静かな時間が過ぎました（※4）。

コラム【ウィンストン・チャーチル】

WW2の頃のイギリスの首相で平穏な時代より非常時に強いタイプの政治家。アマチュア画家でもあり、遊説の際には画材を持参したそうです。

※3 脅しで手に入れたかったドイツでした。なお、この頃のポーランドはとても強気でした。
※4 宣戦布告してからフランスがドイツと小競り合いを起こしましたが、その後は1940年5月までどちらも大きな動きは起こしませんでした。そのため、この時期は「まやかし戦争（Phoney War）」や「座り込み戦争」などと呼ばれています。

ドイツ VS フランス! マジノ線機能せず!?
(1940)

マジノ線はWW1後にフランスがドイツとの国境線に沿って要塞を並べて作った鉄壁の防衛線。ところが、今では「無用の長物」の代名詞になっています。その理由とは?

森を抜けてきたドイツ軍

▶ 原作5巻 P48参照

俺はこんなこともあろうかとマジノ線を……ああっ!?

おいフランス、何だか予想と違う展開になってないか!? まずいぞ!

思い出スナップ

目標、アルデンヌの森! 戦車でも通れると調査済みだ! 進め!!

あとから俺もちょっとだけ突っつきに行ったんだよ〜

1940年5月、ついにドイツが動きます。フランスやイギリスなどの連合軍はドイツがWW1と同じように北のベルギー方面から攻めてくる（※1）と予想し待ち構えました。南は要塞が並ぶ鉄壁のマジノ線に加えて戦車が通れないアルデンヌの森があるから安心!　……のはずがドイツの戦車はアルデンヌの森を突破。連合軍は背後を衝かれてしまいます。マジノ線はザルだったのでした。

アルデンヌを走破したⅡ号戦車

↑スペイン内戦やWW2初期のドイツ軍を支えた軽戦車です。

※1 ドイツ軍上層部も最初はその予定でしたが、それだとWW1と同じ長期戦になる可能性が大でした。そこでドイツ軍のマンシュタイン中将はアルデンヌの森を突破して裏をかく作戦をヒトラーに提示し、採用されたのでした。

パリ陥落とダンケルク撤退戦

5月末までにオランダとベルギーが降伏し、快進撃を続けるドイツ軍はパリにまで入城。6月22日、本格的な戦いから約6週間でフランスは降伏に追い込まれます。

ですがダンケルクに残されたイギリス軍は、ドイツ軍に包囲されながらもかろうじて本国に帰還（※2）を果たしました。

くそっ、クラウツの野郎、覚えてろよ！　おいフランス、しっかりしやがれ！

森を抜けられてマジノ線が役に立たないなんて……悪夢だ……

パリはもらったぞ。……イギリス？　放っといても大丈夫だろう

※2 ヒトラーは地上軍を使っての敵殲滅を命じず、空軍での攻撃のみを行いました。それで十分と考えたのか、イギリスは本当の敵ではないと考えたのか……。ともあれ、結果としてはイギリス陸軍を見逃すことになりました。

分裂したフランス〜自由フランスとヴィシー・フランス〜

シャルル・ド・ゴールは戦後にフランスの大統領になったんだ

ものすごくプライドが高い人で、うちやアメリカの上司（※3）とはよくケンカもしたけどな

約4年間、パリはドイツの占領下に置かれることになる。レジスタンスもいれば、ドイツに協力した人もいたのだ

ドイツにこっぴどく敗れたフランスですが、上司たちの意見は和平か抗戦かで分かれました。和平派はフランス中部の都市・ヴィシーに首都を移し、ドイツと休戦。ヴィシー・フランス（※4）が成立します。一方、抗戦派のド・ゴール准将はイギリスに亡命して自由フランスを結成しました。

コラム【シャルル・ド・ゴール】

パリ近郊の国際空港の名前にもなっている有名人。WW2ではレジスタンスとともに祖国のために戦い抜きました。とてもアクの強い人物だったそうです。

※3 イギリスのチャーチル首相やアメリカのルーズヴェルト大統領はうるさいド・ゴールの扱いにしばしば手を焼きました。
※4 パリを含むフランス北部をドイツが占領。フランス南部とアルジェリアなど海外の植民地はヴィシー・フランスが統治しました。

イタリア、ドイツの味方になる！

（1940）

ヒトラーが指導するドイツがヴェルサイユ体制を壊そうと突き進んでいるのを見ていたイタリアのムッソリーニ。ドイツに続こうとしますが……。

Q. イタリアへの質問
「ドイツがフランスをあっさり破りました。どうしますか？」

※イタリアは現在 **中立**

A. その1
「中立を守る」 → 戦わずにすむが得るものナシ…

A. その2
「ドイツと組んで参戦」
リスクもあるけどおいしい目も見られるかも！

ムッソリーニ、大いに焦る

▶ 原作1巻 P25参照

ドイツー、上司に言われて応援に来たけどフランス兄ちゃんが怖いんだよー！

い、イタリア？　お前、今頃こんなところで何をやってるんだ!?

　ヒトラーと手を組んだものの、WW2が始まっても中立を保っていたイタリアのムッソリーニ（※1）。しかし、ドイツが連合軍を鮮やかに破ったのを見て焦ります。このままドイツが勝ったら、植民地など美味しいところを全部持っていかれてしまう！ 1940年6月10日、ムッソリーニは慌てて英仏に宣戦して南フランスに軍を送りますが、すでに勝敗のついた戦いだったので兵士はやる気なし。イタリアはマントン市（※2）などを得ただけに終わりました。

イタリアがドイツの味方になりました！
思い出スナップ

〜イタリア軍の状況〜

ムッソリーニ

9月にはドイツがイギリス・フランスを破ってしまう！ 参戦だ！

兵士

そんなこと言われても戦力が足りません！
（戦車・戦闘機の生産量比較）

独
伊
圧倒的な差が

※1 当時のイタリアは工業化が遅れており、軍備が整っていませんでした。
130　※2 南フランスのリゾート地。レモン祭りで有名。

イタリア、北アフリカへ向かう

▶ 原作5巻
P24参照

北アフリカ周辺地図

チュニジア（フランス領）
地中海
シディ・バラニ
アルジェリア（フランス領）
リビア（イタリアが1911年から植民地化）
エジプト（イギリスがスエズ運河地帯の駐兵権を掌握）

フランスとの戦いには出遅れてしまったムッソリーニ。来たるべきイギリスとの戦いではいいところを見せねば！　ちょうどヒトラーから北アフリカにいるイギリス軍へ攻撃を頼まれていたムッソリーニは9月13日、反対を押し切って（※3）軍をリビアからエジプトに攻め込ませます。が、やる気のなかったイタリア軍は港町シディ・バラニでうだうだ（※4）するのでした……。

目を離せばフラフラどこかへ行ってしまう
地中海が呼んでるからアフリカ行ってくるね
フラフラフラ
待てッー
ブッ
思い出スナップ

地中海といえばローマじいちゃんだよね！うちの上司も目標にしてたんだよー

ローマ帝国に憧れるのはいいが……イギリスの老獪さを甘くみるなよ、イタリア？

※3 イタリアが前から欲しかったのは地中海の覇権なので北アフリカを狙うのは必然でした。また、イギリスもドイツの攻撃からの本土防衛に手一杯だったのでイタリアが攻め込むチャンスでした。
※4 イギリス軍はさっさと撤退していたのでイタリア軍はすんなり進撃できました。が、能力的に無理があるのを理解していたので国境から約100キロ東にあるシディ・バラニに着くと前進を止めました。

イタリア、ギリシャにちょっかいを出す

北アフリカを押さえたムッソリーニはヒトラーの鼻をあかしてやろうと、今度はギリシャを攻めることにします。一方的に理由をつけて（※5）1940年10月の末、イタリア軍は進撃を開始！　ヒトラーに自信満々で報告するムッソリーニでしたが、ギリシャの反撃で1ヶ月後にイタリア軍は敗走していました……。

ギリシャ周辺地図

アルバニア
イタリア
ギリシャ
トルコ

ギリシャー、上司に言われて占領しに来たよ〜

何……!?　お前……出て行かないと怒る……ぞ……！

ぎぎ、ギリシャ、目がすごく怖いよ!?
それにイギリスが後ろにいたりしない……？

※5 ギリシャはイギリス寄りでしたが、この時点でWW2に参戦を表明したわけでもなく、イタリアとしては戦う理由は特にありませんでした。しかしこれから敵になるかもと攻撃しました。

締結！日・独・伊の三国同盟
(1940.9.27)

1937年に共産主義に対抗するため三国防共協定を結んでいたドイツ、イタリア、日本。WW2が始まると改めて三国同盟を結びます。でも考えていることはわりとバラバラで？

~大ざっぱな当時の状況~

イギリス ←あきらめる ドイツ
不可侵条約 ロシア（ソ連）
日中戦争 日本
撃破！ フランス
鋼鉄協約
あまり戦いたくない 中国
支援
イタリア
交渉不可
北アフリカを狙う 交渉不可 アメリカ
対立
交渉不可

ドイツの事情 ～次の一手のために～

▶原作1巻 P31参照

フランスの次にイギリスを倒そうとアシカ作戦（→P154）を計画していたドイツですが、抵抗が激しく予定変更。次はロシア（ソ連）を軽くひねるつもり（※1）だったので、当時ロシア（ソ連）ともめていた日本との同盟は好都合でした。さらに日本が極東で存在感を増せば、イギリスの抵抗を背後で支えているアメリカの目をヨーロッパからそらすことができると考えていました。

俺、お前と友達になりたいんだ！同盟組もうぜ！

俺、ずっと心配したってきたから最近ドイツしたくてドイツに憧れて...なんて...気もする

↑ドイツと仲を深めようとするイタリア。その先に待つものは？

この同盟でアメリカを大人しくさせたいんだが……

実際はコタツではなくてベルリンで調印しました

あの、ここに調印したんですけど

ああ、そこに置いとけ

こうしてこの三国の同盟が結ばれたのだった

思い出スナップ

俺、ドイツのことをあてにしてるからね～！

日本の事情 〜アメリカをけん制するために〜

▶ 原作5巻 P38参照

日本は1937年に始まった日中戦争の真っ最中。蔣介石の国民党軍を支援していたのは、中国への進出を日本と競っていたアメリカです。日本は三国同盟でアメリカをけん制しようとしたのです。ついでにフランス領インドシナへの進出（※2）にあたり、北の安全のためロシア（ソ連）も入れて四国同盟にしようとしましたが、それはヒトラーに断られました。

 うちの上司たちはドイツさんがイギリスさんも倒すと予想していました

 うちの上司もだよ〜。イギリスが降伏したら北アフリカも手に入るよね！

 （イギリスよりもロシ……おっと、それは秘密にしておかないとな）

思い出スナップ

※2 フランス領インドシナは現在のベトナム、ラオス、カンボジアにあたる地域。ここを通して国民党軍への援助が行われていました。フランスがドイツに降伏したので日本は進駐することにしたのですが、アメリカは怒りました。

イタリアの事情 〜世界にはばたけイタリア！〜

▶ 原作1巻 P35参照

コラム【その他の国々】

三国同盟には後にハンガリーやブルガリアなどが参加。なおロシア（ソ連）と戦った（→P148）フィンランドはドイツに接近しましたが、同盟には加わりませんでした。

 僕も枢軸国扱いされてますけどね

前からドイツとはベルリン・ローマ枢軸として手を組んでいたイタリア。1939年には軍事同盟も結んでいました。WW2が起きたのは予想外だったのですが、ドイツや日本とともに戦後の世界でのイタリアの力を強めようと同盟に参加します。

 ブルガリアとは一応仲間だったんだけど、領土問題でケンカしちゃったんだよね〜

思い出スナップ

 まったくお前は…。しかしWW1といい、バルカン半島の情勢はいつの時代も複雑だな

133

熱砂の戦い！ 北アフリカ戦線（枢軸編）
（1940.9 ～ 1943.5）

ムッソリーニの命令で北アフリカで戦うことになったイタリア軍。最初は良かったものの
イギリスの反撃にけちょんけちょんにされ、結局ドイツが尻ぬぐいすることに……。

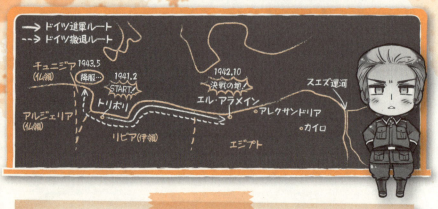

→ ドイツ進軍ルート
-→ ドイツ撤退ルート

チュニジア 1943.5
（仏領）　降服
1941.2
START☆
トリポリ
アルジェリア
（仏領）
リビア（伊領）
1942.10
決戦の地
エル・アラメイン
エジプト
スエズ運河
アレクサンドリア
カイロ

イタリアのためにやってきたドイツ？

▶ 原作1巻 P26、
原作5巻 P26参照

　暑いし物資もないしで（※1）占領したシ
ディ・バラニでぐだぐだしていたイタリア
軍。しかし1940年12月上旬、イギリス
が反撃に出ます。戦車と飛行機と艦隊に総
攻撃されてイタリア軍はリビアに逃げ帰る
ハメに。あまりのダメっぷりに、ヒトラー
は北アフリカへ援軍を送ることにします。

ドイツの胃痛が
増すばかりだった

水あげりがと〜
これでまた
砂漠でパスタが
作れるよ〜

いや〜
作ってる
砂漠でパスタ
ゆでって
死んだら
死ぬかもね〜

↑イタリア軍が砂漠でパスタをゆでたと
いうのは都市伝説。でもドイツにとって
胃痛な存在というのは事実!?

うう〜イギリス
怖かったよ〜
俺もうだめかも…

考えなしに
アフリカに
行くからだ
馬鹿者！

思い出スナップ

イギリス、本当に怖かったんだよ〜。捕虜
が13万人くらい出たんだから！

お前の軍は歩兵が多かったからな……。砂
漠では戦車が十分にないとキツイぞ

※1 北アフリカに送られるはずの戦車をムッソリーニはギリシャの侵攻（→P131）に使ってしまったのでした……。

「砂漠の狐」と呼ばれた男の登場

88ミリ高射砲を転用！

➡対飛行機用の大砲を横に撃って戦車を迎え撃ちました。

車を戦車にカムフラージュ！

←戦車がたくさんあるように見せかけるための工夫でした。

イタリアの援軍としてドイツから送られたのはエルヴィン・ロンメル将軍。北アフリカ自体はさほど重要な戦場ではなく負けない程度に頑張れば良かったのですが、イギリスが苦しくなっていたこともあって（※2）、ロンメル将軍はイタリア軍のお尻をひっぱたきつつ大奮戦したのでした。

ロンメルさんはいろんなアイディアを出しながら戦ってたよね～

それで「砂漠の狐」と呼ばれたんだ。現場（※3）の兵にも慕われていたぞ

※3 ただ、イタリア領リビアを守るだけでいいのにどんどん攻めようとするので、上層部には迷惑がられていたようです。

※2 イギリスもイタリア領リビアに攻め込んだものの戦線が伸び過ぎて補給が限界に達していました。また、ギリシャへも援軍を送らねばなりませんでした。

ここが天王山！　エル・アラメインの戦い

ロンメル将軍は砂漠を戦車部隊に進ませて奇襲をかける戦法を得意としていたんだが……

エル・アラメイン周辺は地形的にその手が使えなかったんだ。俺たちも崖っぷちだったがな

俺は戦いには加わらなかったけど、イギリスにシャーマン戦車や戦闘機を大量に送ったんだぞ

ロンメル

モントゴメリー

北アフリカ（※4）で押したり退いたりしていたドイツとイタリアの枢軸軍と、イギリス中心の連合軍。枢軸軍はついにエジプトのエル・アラメインを目前にします。1942年10月、ここで枢軸軍を迎え撃ったのはイギリスのモントゴメリー将軍。激戦の末、物量で圧倒した連合軍が勝利しました。

※4 南には砂漠しかないので、基本的に海沿いに戦っていました。両陣営とも欲しかったのは地中海です。

灼熱の戦い！ 北アフリカ戦線 (連合編)
(1940.9 ～ 1943.5)

地中海方面やアジアで枢軸の国々に権益を脅かされ、心穏やかではなかったイギリス。
大英帝国の威信をかけて北アフリカで戦いますが、自分の力だけでは勝てなくて……？

～北アフリカ戦線まとめ～

1940.9 イタリア、エジプトに侵入

➡

1940.12 イギリスの反攻始まる

➡

1941.1 イギリス、北アフリカへの軍の派遣を決定

➡

ドイツ、イタリアも続く

6月独ソ連戦始まる

1941.12 日本が米英に宣戦。イタリア、ドイツも続く

➡

1942.10 エル・アラメインでイギリスの大反攻始まる

➡

1942.11 アメリカ軍到着

➡

1943.5 ドイツ、イタリア軍降服

大英帝国の意地を賭けたバトル

▶ 原作5巻 P25参照

北アフリカ戦線の発端は、イタリアのムッソリーニの火遊びのようなもの。しかしうっかりエジプトを奪われでもしたらインド方面へのルートをさえぎられ、大英帝国にとって一大事です。一度はイタリアを追い払ったイギリスでしたが、ロンメル将軍の率いるドイツ軍がやってきたことで戦況は一変。イギリス軍の戦車ではドイツ軍に歯が立たなかったのです。そんなイギリスの頼みの綱はアメリカの戦車でした。

決め手はアメリカの戦車だった

M4シャーマン中戦車

←イギリス軍はアメリカからシャーマン戦車を大量に送ってもらって戦いました。

 イタリアを追い払うだけならそんなに苦労しなかったんだが……

 イギリスのマチルダⅡ戦車はドイツの高射砲のカモだったそうだね

 う、うるさい！

思い出スナップ

期待のルーキー!? アメリカ参上!

▶ 原作5巻 P30、P108参照

コラム【その頃 日本は…】

三国同盟を結んだ日本に怒ったアメリカは石油の輸出禁止で対抗します。交渉もうまく行かず(※2)、日本は1941年12月8日にハワイの真珠湾にある海軍基地を奇襲し、アメリカと戦争に突入。同盟国のドイツとイタリアもアメリカに宣戦します。

アメリカの援助でエル・アラメインの戦いで枢軸軍を破ったイギリス。そしてついに1941年12月、アメリカがWW2に参戦します。しかし戦車は大量にあっても兵隊は素人同然。アフリカでの初陣では見事にボコボコにされ(※1)、アメリカのルーズヴェルト大統領を不安にさせたのでした……。

思い出スナップ

イギリスー！ ドイツがあんなに強いとは聞いてないよ！

お前が単純過ぎるんだよ、バカ！ もっと慎重になれ！

※1 最初は頼りなかったアメリカ軍でしたが、北アフリカ戦線で経験を積むことで強くなっていきました。
※2 日本はアメリカに中国大陸から完全に手を引けと言われましたが、日本も中国にはお金をたくさん使っていたので「はい、分かりました」とはいえませんでした。

歓迎されなかったアメリカ

▶ 原作5巻 P31参照

北アフリカのメルス・エル・ケビールでイギリスはうちの艦隊を沈めたからな〜

……え、俺が北アフリカで嫌われたのってイギリスのせいなわけ？

歓迎される気まんまんで北アフリカ(※3)に向かったアメリカ軍。しかしフランス軍にはイギリス軍にわだかまりがありましたし、当時のフランスはドイツ支配下のヴィシー・フランス(※4)。北アフリカのフランス現地軍は乗り込んで来たアメリカ軍に激しく抵抗したのでした……。

思い出スナップ

いやまあ、お兄さんを助けにきたのにお前も大変だったな

イギリスのやつ、俺に面倒なことを押しつけたんだなー

(いや俺が乗り込んだらフランスが余計に怒りそうだったからお前に頼んだんだよ！)

※3 枢軸軍の背後を取るため、アメリカ軍はフランス領アルジェリアやモロッコから上陸。アメリカはヴィシー・フランスと国交を保っていました。
※4 P129参照。この件に関しては話がややこしくなりそうだったため、自由フランスのド・ゴール将軍は何も知らされませんでした。また、この上陸に怒ったヒトラーはフランス全土を占領。一応は独立国家というヴィシー・フランスの建前は失われます。結果、怒った北アフリカのフランス軍はドイツと戦う気になりました。

戦場でがんばった兵器たち

（1935 〜 1943）

WW2では多くの兵器が登場しました。微妙な性能のモノもあったのですが、厳しい戦いの中で贅沢は敵！　それでも頑張った兵器たちをちょっぴり紹介します。

イタリアのL3 Tankette タンケッテ

でもやっぱり小さすぎた……

装甲はリベット留め
機関銃
全高1.3m
2人乗り
時速42キロ。遅い！

・広大なアフリカでは戦車が大活躍！
・飛行機も偵察や爆撃に奮闘したよ！
※砂で整備に苦労したよー

イタリア特製!? 豆戦車「L3」

▶原作5巻 P23参照

　エチオピア侵攻や北アフリカ戦線で使われたトラクターっぽいプチ戦車。最初は装甲板を溶接していましたが、当時のイタリアの技術不足と交換のしやすさを考慮してリベット（※1）止めに変更されました。なお、戦車といっても武器は機関銃だけなので大型の戦車には歯が立ちませんでした。

L3豆戦車

←歩兵が相手なら役に立ったので、何だかんだで終戦まで活躍しました。

リベット

もうひとつ上のクラスにL6っていうのもあるんだよ〜

思い出スナップ

ドイツ帰るトコ？よかった俺のL3で送るよ！

めっちゃキャオちゃーお♪

小型軽量なぶん足は速くて、時速42キロで走れたそうだ

うちのカーデンロイド豆戦車を元にして開発されたんだぞ

※1 鋲。二枚の板などに穴を開け、そこにリベットを入れて両端をつぶすことで結合させます。溶接よりお手軽です。ジーンズのポケットを留めるのにも使われています。

「走るカンオケ」と呼ばないで！「M13／40」

原作4巻 P31参照

アメリカ製の
シャーマン戦車
とも頑張って
戦ったんだよ～

頑張ったんだが、
やっぱり力不足
だな……

思い出スナップ

乗り捨てられた
のを拾って俺が
使ったこともあ
るんだぜ

→一世代前は M11

M11／39は胴体に大砲が固定されていたので戦車と戦うのが大変でした。

ドイツ兵から「走るカンオケ」というあだ名をつけられた中戦車。L3ばかりではさすがに不安を感じたイタリアが開発した本格的な戦車でしたが砂漠での使用は想定外で、北アフリカ戦線では故障が続出。また大砲を撃つと中にガスが充満するという根本的な問題も……。

アメリカも注目した「キューベルワーゲン」

原作3巻 P29参照

ナチスは国民的な自動車を開発するため、国策企業としてフォルクスワーゲン社を作りました。しかしWW2が始まったので、国民用の車の代わりにキューベルワーゲンが開発されることになりました。なお、その活躍に注目したアメリカが真似たのがジープ（※2）でした。

←北アフリカ戦線にも持ち込まれて活躍しました。

ドイツと北アフリカをつないだ布製輸送機「ギガント」

↑某アニメの飛行機のモデルにもなったとか？

北アフリカ戦線に物資を運ぶのに活躍した大型輸送機。もともとはエンジンがないグライダー（※3）で、他の飛行機に引っ張ってもらっていました。胴体はパイプに麻布を張っただけの簡単仕様でしたが、その部分なら撃たれても穴が開くだけで撃墜には至らなかったとか。

※2 ジープはアメリカ陸軍が開発させた四輪駆動車。現在では荒れた地形を走るのに適した車種というイメージがありますが、もともとはジープというブランド名です。
※3 エンジンが重かったのでグライダータイプのほうが搭載できる量は上でした。ただしエンジンタイプでも12トンの搭載量で、当時では破格！

戦場でがんばる(予定だった)珍兵器たち

(1940 ～ 1949)

戦争中には効果的な兵器を作り出そうと各国でさまざまなアイディアが出されました。が、中にはアイディア倒れで終わったものも……。そんな切ない(？)兵器を紹介します。

大きなボビン？

凧？

ネズミだけど
超ヘビー級！？

イギリスが誇る珍兵器「パンジャンドラム」

▶原作1巻
P81参照

WW2の珍兵器の横綱。ノルマンディー上陸作戦(→P164)の際、敵の陣地に突っ込ませる予定だった自走兵器です。巨大な糸巻き車に小型ロケットをたくさんつけて回転しながら走らせるという兵器でしたが、砂浜では空回りする、走ったと思ったら少しのデコボコでひっくり返るといった有様で、結局開発中止になりました……。

← 火花を散らしながら走る姿は巨大なネズミ花火のようだった！？

砂浜ではまともに走れっこないって気づかなかったのか？

う、うるさい！ちゃんと走るよういろいろ工夫したんだ

い、いや……俺が新兵器パンジャンドラムを作ってたんだけど

酔っぱらったスコットランド人が……

思い出スナップ

でも結局、まっすぐ走ることはできなかったんだな……

アメリカが開発した空飛ぶ円盤「フライングパンケーキ」

➡試作機も作られたものの、軍の要求が厳しく結局開発は中止に……。

　アメリカがWW2前から研究していた、海にいるエイのようなフォルムの飛行機。離陸に必要な距離が非常に短い画期的な飛行機になる予定でしたが、完成することなくWW2終結後に開発は中止されました（※）。

 戦艦からすぐ発進できるような戦闘機をめざしていたんだ！

 うーむ。面白いかたちだな……研究しがいがありそうだ

 テスト飛行を見た人が空飛ぶ円盤と勘違いしたらしいよ～

※試作機が長らくスミソニアン博物館でお蔵入りになっていましたが修理され、現在はテキサス州ダラスの航空博物館に展示されています。

ドイツの超重戦車「マウス」

　ポルシェ博士がヒトラーの命で開発していた巨大戦車。総重量は188トン！　エンジンで発電してモーターを動かして走ります。巨大さがバレるのを恐れたのかマウス（＝ネズミ）と名づけられました。実戦に投入されたらしいのですが詳細は不明。

コラム【フェルディナント・ポルシェ】

オーストリア出身の科学者。ドイツの自動車メーカー、ポルシェの生みの親です。マウス以外にもティーガー戦車や大衆車として有名なフォルクスワーゲン・ビートルを設計。

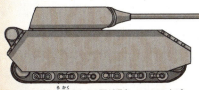

↑WW2で鹵獲（ろかく）された1両が現在、ロシアのクビンカ戦車博物館に展示されています。

 こんなに大きな戦車をネズミって呼ぶなんて、ドイツのセンスって面白いよね～

 逆にリモコンで動かす小型爆薬運搬車をゴリアテ（＝聖書に登場する巨人）と呼んだりもしたんだ

各国ミリメシ事情(枢軸編)
(WW2中)

ドイツ軍はWW2で製パン部隊を用意し、兵士に焼きたてのパンを提供したとか。過酷な戦争の中でも、できるだけ美味しいものを食べようとした各国の試行錯誤を紹介します。

乾パンの作り方

― 材料 ―

薄力粉…50g
強力粉…50g
砂糖…15g
塩…2g
水…50cc
ドライイースト…1g

保存食にピッタリ!

①イースト以外の材料を混ぜて1時間寝かせる
②イーストを加えてこねる
③冷蔵庫で10時間、室温で1時間寝かせる
④生地を細かく切って200度で20分焼く

ドイツの研究のたまもの!? 代用コーヒー

▶ 原作4巻 P29参照

WW1ではイギリスの海上封鎖で輸入がストップし、強烈な食料不足に苦しんだドイツ。その教訓からいろいろな品を自給自足できるように努力しました。WW2が始まるとドイツの大好きなコーヒーの輸入は激減しましたが、たんぽぽやチコリの根を煎った代用コーヒーでしのぎました。

コラム【コーヒー以外もいろいろ代用!】

自給自足にこだわったナチスは代用石油や合成ゴムを開発しました。代用石油は効率が悪かったのですが、合成ゴムはのちに天然ゴムを凌駕するほど世界に広まりました。

まったくしょうがない奴らだ!

コーヒー代用品の研究をすすめる

でも何とかしようとするドイツさんだった

思い出スナップ

俺の家では昔から代用コーヒーの研究は盛んなんだ

俺の家では大麦を煎ったオルゾ(※1)を飲んでたよ〜

私の家では当時、コーヒーは敵国飲料と呼ばれました……

※1 イタリアの代用コーヒー。味はコーヒーというより麦茶に似ていて、ミルクを入れて飲んだりします。

乾パンは日本の味

▶原作5巻 P42参照

日本の非常食の代表、乾パンはもともと陸軍の携帯食料として生まれました。かつては大きかったのですがWW2の頃には小さくなり、コンペイトウと共に提供されるようになります。ちなみに現在の自衛隊でも食べられています。

➡固く焼き上げた乾パンは年単位で保存可能です。

乾パンのレシピはドイツさんを参考にしたんですよね

前にドイツさんに教えてもらったビスケットをもとに私も作ってみました

乾パンですがお口に合うかあの時ほうのか…が…

思い出スナップ

日本の兵隊さんはラムネを飲むのも大好きだったんだって

乾パンやビスケットは水分が少なく保存しやすいんだ

イタリアのミリメシはイマイチだった?

▶原作5巻 P41参照

普通の牛肉から作ったはずなのに工場でなんかよくわからない化学反応起こしたみたいな味

思い出スナップ

北アフリカではマズい牛肉でも食べられるだけマシだったんだよね……

補給が滞りがちだった時期だからな。あまり贅沢は言ってられなかったんだ

ナポレオンさんいわく、「腹が減っては戦はできぬ」ですね

味にこだわるイタリアですが、WW2の頃は余裕がなかったのか、配給された牛肉の缶詰はとても妙な味だったとか……。それでも前線の兵士たちはビスケットとマズい缶詰を食べて頑張りました。ちなみに現在のイタリア軍の食糧(レーション)は世界でもトップレベルの味と量です。

でも現在は充実!

メニュー一覧

- 朝 ビスケット／ジャム／飲み物(※2) リキュール(気つけ薬?)
- 昼 クラッカー／肉料理／スープ デザート／飲み物
- 夜 シリアルバー／パスタ／サラダ 飲み物

※2 飲み物は粉末コーヒーや紅茶など。

各国ミリメシ事情(連合編)
(WW2中)

連合国でもやっぱり「腹が減っては戦はできぬ」。戦場でもできるだけ良いものを食べようと工夫をこらしていました。中にはWW2がきっかけで普及した食品も!?

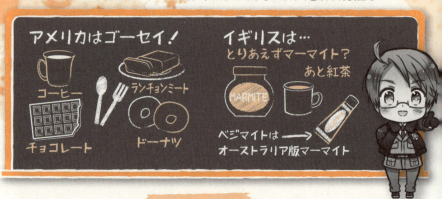

アメリカはゴーセイ！
コーヒー
ランチョンミート
チョコレート
ドーナツ

イギリスは…
とりあえずマーマイト？
あと紅茶
MARMITE
ベジマイトは → オーストラリア版マーマイト

やっぱり食いしん坊だったアメリカ

▶ 原作5巻 P43参照

　WW2で活躍したアメリカですが、本国からはコーラやドーナツなどさまざまなアメリカらしい食べ物が戦地に送られ、兵士たちを元気づけました。大掛かりな作戦の前には本物のステーキも振る舞われたそうです。他にもランチョンミートの缶詰は賞味期限が長いので重宝され、ロシア(ソ連)など他の連合国にも好評でした。もっとも、アメリカの兵士は毎日のようにランチョンミートを出されて辟易(へきえき)したという話も。

コラム【戦争が生んだ粒々チョコ】

砂糖の膜で包み暑さで溶けにくくした粒々チョコも、WW2でアメリカ軍のために開発されました。

有名なノルマンディー上陸作戦の前にもステーキが出されたんだ

アメリカの海軍はアイスクリームも大好きだったんだよな

思い出スナップ

イギリス系栄養食品ベジマイト

▶ 原作5巻 P42参照

ベジマイトは現在のイギリス軍の食糧にも入っているんだ

思い出スナップ

イギリスの捕虜になるとマーマイトを出されたな……

我が輩の軍でもセノヴィという同様の食品が入っている

パンやクラッカーに薄ーく塗って食べると美味いぞ!

　イギリスと関係の深い国で食べられていることの多い、ビール酵母から作るスプレッドがマーマイトやベジマイト（※1）。味も匂いも独特できっぱりと好き嫌いが分かれる食べ物ですが、栄養はあるのでWW2でも活躍しました。

←アメリカでは不人気な味なのでした……。

※1 マーマイトはイギリス製、ベジマイトはオーストラリア製。

アメリカを支えたインスタントコーヒー

　現在の軍用食糧にもよく同梱されているインスタントコーヒー。WW1の頃に開発され、WW2でも多くの兵士たちに愛飲されることになりました。戦場でも熱いコーヒーを飲みたいという願いは、連合軍も枢軸軍も同じだったようです。

コラム【ドーナツガール】
WW1やWW2では慈善団体の女性が兵士に熱いコーヒーとドーナツを配って勇気づけました（※2）。

熱いコーヒーと揚げたてのドーナツは最高だね!

俺の家では戦後、インスタントコーヒーが手軽さから人気になって、紅茶のライバルになったんだ

お兄さんはやっぱりコーヒーといえばカフェオレ派かな?

※2 WW1後にアメリカでドーナツが普及したのは、ドーナツガールに配られたドーナツの味が忘れられない帰還兵が多かったからという説もあります。

呪術でGO!? イギリスのスパイ大作戦!
(WW2中)

魔術やおまじない、妖精や殺人鬼の話には事欠かないイギリス。
WW2でも謎めいたことをやっていたり!? 歴史の謎として残った事件も起きています。

○ **WW2最大のミステリー、ルドルフ・ヘスの英国飛行の
ナゾに迫る! なぜ高官が単独でイギリスに!?**

ナチス幹部
ルドルフ・ヘス

・BBCが流した勝利の「V」
　Vサインも呪術だった?

・呪いの椅子
　バズビーズチェア

占星術と情報部が招いた(?)大事件

▶原作1巻
P63参照

　1941年5月10日、ナチスの副総裁ルドルフ・ヘスが飛行機を操縦し(※1)ひとりでイギリスに侵入するという大事件が起きました。一説では秘密情報部のイアン・フレミング(※2)がヘスのオカルト好きを知り、占星術をネタにしておびき寄せたと言われていますが……真相は闇の中です。

コラム【ルドルフ・ヘス】

ヘスの目的は英独の講和だったのですがイギリスにもドイツにも無視され、そのまま捕虜になりました。

ヘスが乗ったメッサーシュミットBf110

お前ら!
全力でドイツを
呪うぞ!

思い出スナップ

イアン・フレミングは占星術師として有名だったアレイスター・クロウリーも使おうとしたらしい

ヘスはイギリスで捕虜になり、戦後はドイツの刑務所に送られて、1987年に自殺したんだ……

「V」に込められた戦勝祈願

WW2中、イギリスのチャーチル首相はVサインを勝利のシンボルとして演説などで使うようになります。ラジオ放送でもベートーヴェンの交響曲『運命』の冒頭が流されました。これは曲のリズムがちょうどモールス符号の「V」と一致したからでした。

・モールス符号の「V」

ト　ト　ト　ツー

電鍵
（※3）

・『運命』のイントロ
ジャ・ジャ・ジャ・ジャーン

 ベートーヴェンはドイツの作曲家だがいいのかな？

 細かいことはいいんだ！　ナポレオンの独裁に怒った人だし

 ちなみにモールス信号でSOSはト　ト　ト　ツーツーツー　ト　ト　ト　です

※3　モールス符号を打つための道具。

呪いの椅子に座った者の運命は…

▶原作1巻 P64参照

【バズビーズチェア】
座ると死ぬ椅子。
座った61人近くを
地獄送りにした。

今日は会議なのでアメリカの椅子をこっそりバズビーズチェアに変えておいた

↑イギリスが嫌がらせにこの椅子を会議に使った……という公式記録はありません（笑）。

18世紀のイギリスの殺人者、トーマス・バズビーが愛用したバズビーズチェア。不吉な椅子として有名でしたが、WW2で空軍パイロットが興味本位に座ったら本当に死亡。座ったら死ぬ椅子として、ますます有名になったのでした……。

バズビーズチェア

➡今はノースヨークシャー州のサースク博物館に展示されています。

フランスお兄さんの 特別講義 ③

少し時間はさかのぼり、WW2が起きてからドイツが俺の家に殴り込むまでの時期。ロシア(ソ連)とフィンランドは大ゲンカをやっていたんだ!

〈1939.11~1940.3〉 冬戦争

1939.8 独ソ不可侵条約

ロシア(ソ連)、バルト三国とフィンランドは自分の勢力範囲ということにドイツと取り決め!

1939.11 ロシア(ソ連)がフィンランドに宣戦布告!

国際社会はフィンランドを支援

スウェーデンはドイツににらまれて動けなかった…

日本は竹を送った

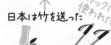

ストックに使われた

フィンランド、ロシア(ソ連)と戦争に!

原作3巻 P52参照

ドイツと不可侵条約を結んだロシア(ソ連)は1939年10月、バルト三国を属国化。さらにフィンランドにもハンコ半島(※1)に軍事基地を置いたり領土を寄こせと迫りますが、フィンランドは突っぱねました。かくて1939年11月30日、ロシア(ソ連)はフィンランドに宣戦布告。冬戦争と呼ばれる戦いが始まりました。

なんか俺、アンたに無理やりうちに連れてこられたんですけど

あー疲れた

そうだスーさんちょっと僕の話聞いて下さいよ

← ロシア(ソ連)やスウェーデンとは縁の深いフィンランドですが……。

ロシア(ソ連)が欲したハンコ半島

スウェーデン
ストックホルム
バルト海
フィンランド
ヘルシンキ
ハンコ半島
フィンランド海
エストニア
レニングラード (現サンクトペテルブルク)
ロシア(ソ連)

※1 ハンコ半島は帝政ロシア時代にサンクトペテルブルクを守るための要塞が置かれた重要な場所でしたが、もしここにロシア(ソ連)が軍を送れば、首都ヘルシンキを危険にさらしかねないのでフィンランドは要求を飲むわけにはいきませんでした。

冬将軍が微笑んだのはどっちだ!?

▶原作4巻 P71参照

短期間で勝つ気だったロシア（ソ連）でしたが、フィンランドは森と湖の多い地形を利用したゲリラ戦術で対抗。雪の中をスキー（※2）で移動し、凍った湖を滑走路にして戦闘機を飛ばし……と孤軍奮闘（※3）。一方、ロシア（ソ連）軍はスターリンの大粛正の影響でガタガタでした。しかし戦いが長引けば小国の悲しさ、フィンランドが不利なのは明らか。翌年の春、フィンランドはロシア（ソ連）と不利な条件でしたが和平を結びました。こうして、かろうじてフィンランドは独立を守りました。

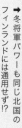

→冬将軍パワーも同じ北国のフィンランドには通用せず!?

もういや冬将軍 たすけてーっ!!

【冬将軍】
ロシアに攻め込んできた数々の強力な軍隊を飲み込んできた恐ろしい将軍。

3つの砲塔がチャームポイント!

T-28 中戦車（ソ連製）

↑フィンランドがロシア（ソ連）軍から奪って使った3つの砲塔を持つ戦車。砲塔が5つあるT-35重戦車もあります。

※2 スキーのストックには日本から送られた竹も使われました。
※3 イギリス、フランス、イタリアなどがロシア（ソ連）を非難しましたが、どの国も自分のことで手一杯で援軍を送るには至らず。北欧諸国も戦争に巻き込まれるのを恐れて中立を崩しませんでした。

戦いの中で生まれた？ 人気キャラクター『ムーミン』

ムーミン一家は可愛らしく見えて、すんげぇクールな台詞も言ったりすんぞ

大きな戦争の時代を生きた人の無常観みたいなものがあるのかもしれないですね

ムーミンはロシア（ソ連）でもアニメになっているよ。服を着ているのが特徴かな？

世界中で人気がある『ムーミン』の生みの親のトーヴェ・ヤンソンはWW2前の不穏な時代に青春を過ごした女性。芸術一家に生まれた彼女は十代の頃から雑誌のイラストでスターリンやヒトラーを風刺していました。それらの中にはムーミンの原型とおぼしきキャラクターも登場しています。

コラム【トーヴェ・ヤンソン】

トーヴェはフィンランドでもスウェーデン語を話す家庭に生まれました。当然『ムーミン』の物語もスウェーデン語で書かれたので、研究はスウェーデンのほうが進んでいるそうです。

フランス お兄さんの 特別講義 ④

WW1のときは団結して中立を守った北欧の連中だったが、WW2ではそうはいかなかった。ドイツやイギリスが黙っていなかったんだな。

北欧、大ピンチ!?

1940.4.9
ドイツ、デンマーク＆ノルウェー侵攻

1940.5.10
イギリス、アイスランド侵攻

アイスランド　デンマーク　ノルウェー→　フィンランド　スウェーデン

イギリス　ドイツ

デンマークとノルウェー、ドイツに占領される

ドイツはフランスと戦う前、1940年4月にデンマークとノルウェーに攻め込みました。表向きの理由はフランスとイギリスが両国の占領を計画しているので、それを防ぐというもの（※1）。でも本音を言うと、スウェーデンからの鉄鉱石の運搬ルートを守るため（※2）。デンマークは数時間で降伏し、ノルウェーも占領されました。

すまんがお前たち、イギリスやフランスに手を出される前に俺の管理下に入ってもらうぞ！

ドイツ、おめぇ……ポーランドの一件から静かにしてんなぁと思ったらそう来るか……？

クリスチャン10世
（デンマーク王）

↑ドイツに占領されたあともデンマークに残りました。

ホーコン7世
（ノルウェー王）

↑クリスチャン10世の弟。ノルウェー占領後はイギリスへ。

俺たちの王様はその後、それぞれのやり方でナチスに抵抗して国民から支持されたっぺよー

※1 実際、イギリスのチャーチルもノルウェーの占領を考えていました。
※2 スウェーデンからの鉄鉱石は船でノルウェーの沿岸の海域を通ってドイツへ運ばれていたため、ここをイギリスに押さえられるわけにはいきませんでした。

役に立たなかったノルウェーの爆撃機（注・イタリア製）

ノルウェーは自分の空軍用にイタリアから飛行機を購入していました。でもふところが寂しかったので支払いは干しダラで。こうしてノルウェーにやってきたのがカプロニCa310（※3）でした。が、出荷したときのチェック不足か、あるいは気候の違いのせいか、故障が続出。ドイツとの戦いでは活躍できなかったのでした。

ドイツの動きが素早かったもんで……しゃくだがとても戦うことは出来ねがったな……

うちでもCa313っつーのをイタリアから買ったけど、やっぱり事故が多くてたぁまげたぁ……

カプロニ Ca310

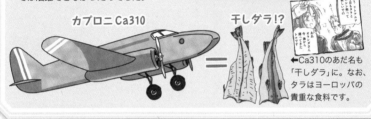

干しダラ!?

←Ca310のあだ名も「干しダラ」に。なお、タラはヨーロッパの貴重な食料です。

※3 スウェーデンも偵察などのために兄弟機のCa313を買いました。が、やっぱり故障が多かったそうです。

アイスランド、イギリスに占領される

アイスランド周辺地図

北大西洋　アイスランド　ノルウェー　スウェーデン　フィンランド　イギリス

この頃のアイスランドはデンマークと同じ国王を戴いていました。そのデンマークがドイツに降伏して一大事！ アイスランドは自分たちの政府を持つことになります。が、ドイツがアイスランドも手に入れるのではと心配したイギリスは、アイスランドに押しかけ占領したのでした（※4）。

僕は中立してたのに……ちょっとひどいと思うんだけど!?

し、仕方ないだろ！ デンマークだって中立してたのに攻められたんだ。アイスがドイツのものになると俺は困るんだって！

イギリスのあとには俺が占領役を肩代わりしたっけ。アイスはその後、1944年にアイスランド共和国として完全に独立するぞ

※4 結局、ドイツはアイスランドには来ませんでした。

フランスお兄さんの特別講義 ⑤

WW2の頃はドイツのマッチョぶりがハンパじゃなかったし、立ち向かう俺たちも必死だったから、中立でいるのも簡単じゃなかったんだ。

WW2の中立国たち

- スイス→ドイツ寄り?

- スウェーデン→ひたすら耐え忍ぶ

- スペイン→のらりくらり

- リヒテンシュタイン→公爵奮闘

……などなど

スイス危機一髪!? 綱渡りの中立

永世中立国のスイスですがそこはシビアな現実主義者（※1）。着々と力をつけるお隣のドイツを見て、自分も軍備を整えていました。WW2が始まると兵を集め、いざというときに備えました……が、フランスがやられたことで頭を抱えます。もしフランス側から攻め込まれたら？　ドイツがロシア（ソ連）に目を向けたので戦いにはなりませんでしたが、ドイツ、イタリア、オーストリア、ドイツ支配下のフランスに囲まれたスイスは、プレッシャーの中で綱渡りのような中立を続けました。

ドイツよ。侵入する気なら、我が輩の家の主要道路を壊し、トンネルを爆破してでも抵抗する！

むぅ。道をつぶされたらこちらが攻めるのも面倒だしな……。無理に戦うこともないか

↑スイスの銀行にはナチスからの資産も流れ込んでおり、のちにもめ事のタネに。

※1 中立国でも戦わずに済むとは限りません。たとえば心情的にドイツ寄りのオランダでさえ、中立するつもりにも関わらず1940年5月にドイツに占領されました。

ノルウェーを見捨てたスウェーデン？

英仏に頼らず、中立は自分ですると決めていたスウェーデン。北欧仲間のフィンランドがロシア（ソ連）に攻められても、ドイツに占領されたノルウェーの国王の受け入れを拒否してでも、中立を守りました。ドイツやアメリカ（※2）から意地悪もされましたがスウェーデンは耐え抜きました。

……みんなには……悪かったかもしんね。……だけんちょ、うちの上司も苦労したべ……

……でも、おめぇんとこでうちのレジスタンスの人たちをかくまってもらったりしたべ？

グスタフ5世
←WW2当時のスウェーデン国王。自分のクラブを作るほどのテニス好きでした。

僕がロシアさんと戦ったときも、スーさんは軍隊はともかく資金援助などをしてくれたんですよ

※2 ドイツから家の中に軍を通らせろと言われたり、アメリカからドイツへの輸出品を作っていた工場を爆撃されたりしました。

スペインの場合

WW2直前の内戦ではヒトラーとムッソリーニから援助を受けたスペインの上司、フランコ将軍。しかし国民は戦いに疲れ果てており、ヒトラーから参戦を頼まれても断りました。

北アフリカの一番いいところをくれるなら参戦するだと!?　うちの上司が怒ってるぞ

あ、やっぱりダメ？そんなら参戦の話はなしってことで。……俺も疲れとるねん……

リヒテンシュタインの場合

国がナチスに傾きかけたのをリヒテンシュタイン公が君主大権で止めました。その後は中立を守りましたが、美術好きのヒトラーから公爵家のコレクションを守るのが大変だったとか。

フランツ・ヨーゼフ2世
←当時のリヒテンシュタイン公。かつてのオーストリア＝ハンガリー帝国のフランツ・ヨーゼフ皇帝が名づけ親です。

フランス お兄さんの 特別講義 ⑥

お兄さんの家を占領したヒトラーが次に狙ったのはイギリスだった。さすがのドイツも海軍ではイギリスに勝てないというんで、空から本土を攻めることになったんだが……？

〈1940.7～1940.10〉
バトル・オブ・ブリテン

イギリス空軍	VS	ドイツ空軍
↓		↓
スピットファイア		メッサーシュミット

イタリアもちょこっと参戦…

イギリス対ドイツ、空の戦い！

　イタリアが北アフリカに行く準備を進めていた1940年7月。ヒトラーはイギリスを倒すべくアシカ作戦を発動します。作戦の前段階として、ドイツ空軍はイギリスを空襲（※1）。イギリス空軍も必死に応戦しました。この空軍同士の戦いをバトル・オブ・ブリテンと呼びます。この戦いは約4ヶ月続きましたが、どうにかイギリスはドイツを追い払うことに成功しました。

コラム【アシカ作戦】

ドイツのイギリス本土上陸作戦。イギリス空軍を殲滅できず、結局ドイツは断念しました。ちなみにアシカは英語でシーライオンです。

アシカ
＝
Seelöwe
（ゼーレーヴェ）
＝
Sea Lion
（シーライオン）

俺の力は見ただろう？　戦う前に降参して欲しいんだが……

ドイツめ、大英帝国なめんなよ！　うちのレーダーは世界一だ!!!!

うわわ、イギリスが何だかすっごく怖いよドイツ〜！

※1 ドイツ空軍は征服したフランスやノルウェーの基地から発進しました。

イギリスの迷機!? デファイアント

▶原作5巻 P72参照

イギリス空軍の珍機体として有名なのがデファイアント。操縦席の後方に戦車の砲塔のように回る銃塔があり、いろいろな方向へ撃てるようになっていたのですが、前を撃つのが苦手……。結局、ドイツ空軍との戦いでは役に立ちませんでした。

後ろ向きの銃がチャームポイント♥

↓名前のDefiantとは「挑戦的な」という意味です。

➡アメリカの言うロックとは、イギリス海軍製のデファイアントと似た戦闘機。

【会議中】

まーったくあいつらは挙動不審でどう動くか全く読めなくて困るな

スピットファイアやハリケーンみたいな名作機を作るかたわらデファイアントやロックを作る君も似たもの同士だぞ！

うるせえ！

ジョージ6世とエリザベス王妃

ジョージ6世とエリザベス王妃の娘が現在のイギリス女王、エリザベス2世だ

エリザベス王妃は不屈の意志の持ち主で俺の上司も一目置いていたぞ

宮殿を爆撃された際、これで他の攻撃された場所に顔向けできると言ったそうだな

バトル・オブ・ブリテンではイギリスの首都ロンドン（※2）も爆撃されました。ときにはバッキンガム宮殿に爆弾が落ちたことも……。それでも当時の国王ジョージ6世とエリザベス王妃は疎開せず、ロンドンに残ります。夫妻の決断はイギリスの人々を大いに勇気づけました。

ジョージ6世

↑2010年のイギリス映画『英国王のスピーチ』でも有名。

エリザベス王妃

↑貴族出身。少女時代にはWW1で兄を失いました。

※2 他にもコヴェントリーなどの都市が爆撃されました。イギリスもベルリンを爆撃し返しました。

ヘタリア的 WW2こぼれ話③

～WW2の偉人伝～

リトアニアの日本人外交官、杉原千畝

ヒトラーがユダヤ系の人々を迫害したことは有名ですが（※1）、WW2でポーランドがドイツに占領されると、多くのユダヤ系の難民が隣国リトアニアに逃亡しました。しかしリトアニアも安全とはほど遠く……。

1940年7月、杉原千畝はロシア（ソ連）軍占領下のリトアニアに領事として赴任していました。ロシア（ソ連）の命令で他の国の領事館や大使館は閉鎖したため、まだ撤退していなかった日本領事館には脱出のためのビザを求める難民が殺到。杉原は政府の許可なしに難民へのビザの発給を決意します。杉原の後輩・根井三郎の協力もあり、かろうじて難民は日本を経て第三国へ脱出。杉原が書いたビザは数千人を救ったと言われています。

↑帰国後、杉原千畝は外務省を去ります。彼は1985年、イスラエルからヤド・バシェム賞を贈られました。

本名の「ちうね」だと外国人には発音しにくかったので「センポ」と名乗っていたそうです

助かった人が戦後に彼に会おうとしたが、「センポ」で探したのでなかなか見つけられなかったんだし

※1 ヒトラーだけではなく、ロシア（ソ連）のスターリンなどもユダヤ系の人々を迫害しています。

エニグマ暗号を解読した数学者、アラン・チューリング

バカめ！
あいつら！
今連絡中だとよ！

暗号受信成功だ！
あいつらの居場所が分かったぞ！

←死後に高く評価されたチューリング。彼の生き様は戯曲やドラマ、映画にもなっています。

数学の天才で人工知能の父とも呼ばれているイギリス人のアラン・チューリング。WW2当時のドイツはエニグマ（Enigma。謎という意味）暗号機という機械で暗号を作成していたのですが、チューリングが解読に成功。バトル・オブ・ブリテンはむろん、終戦まで大いに役立ちました。この事実は当然ながらWW2中は極秘にされ、友人や家族も彼が暗号を解読していることを知りませんでした。

彼は同性愛者で、1952年にそのことで逮捕（※2）されました。そして1954年に自殺。彼の功績が一般に知られるようになるのは1974年のことです。2009年に政府が謝罪し、2013年、エリザベス2世女王の名のもとに名誉が回復されました。

※2 当時のイギリスでは同性愛は違法でした。1967年にイングランドとウェールズ、1980年にスコットランド、1982年に北アイルランドで合法になりました。

第3章
WW2後半
～戦後の世界

ドイツ優勢で始まったWW2ですが戦いが長引くに連れて形勢は逆転。
果たして枢軸国と連合国の運命は!?
WW2の結末とその後の様子を見てみましょう。

WW2後半～戦後年譜

(1941.2～1951.9)

WW2後半～終結までをまとめました。ドイツはロシア(ソ連)に目を向け、その半年後に日本がアメリカを奇襲。さらに北アフリカの戦いも激しさを増していきます。

年	日付	出来事
1941	2月	ドイツのロンメル将軍がイタリア支援のために北アフリカに赴任
	6月22日	ドイツ軍、ソ連に侵攻(バルバロッサ作戦) ➡P160
	12月8日	日本軍、真珠湾を攻撃。太平洋戦争が始まる ➡P161
	12月8日	アメリカ、イギリス、オランダが日本に宣戦布告
	12月11日	ドイツとイタリアがアメリカに宣戦布告
1942	6月5日	日本、アメリカにミッドウェー海戦で大敗
	8月末	スターリングラードの戦い始まる ➡P162
	11月4日	イギリス軍、北アフリカのエル・アラメインでドイツ・イタリア軍を撃破
	11月8日	米英連合軍が北アフリカのアルジェリアやモロッコに上陸開始
1943	2月2日	スターリングラードでドイツ軍が降伏
	5月13日	北アフリカでドイツ・イタリア軍が降伏
	7月25日	ムッソリーニ失脚 ➡P163
	9月3日	イギリス・アメリカ軍がイタリアに上陸
	9月8日	イタリア降伏 ➡P163
	9月12日	グラン・サッソ事件 ➡P163
	9月末	イタリア北部にムッソリーニのイタリア社会共和国が成立
	11月28日	米英ソのテヘラン会談
1944	1月初旬	ソ連軍、ドイツに反撃を開始
	6月4日	米英軍、ローマを攻略
	6月6日	米英軍、ノルマンディーに上陸を開始 ➡P164
	7月20日	ヒトラー暗殺未遂事件
	8月25日	パリ解放 ➡P165
	10月23日	米英ソ、ド・ゴールを長とする臨時政府をフランスに認める
1945	1月17日	ソ連軍、ワルシャワを解放
	2月4日	米英ソのヤルタ会談 ➡P166
	4月12日	アメリカのルーズヴェルト大統領、死去 ➡P166
	4月13日	ソ連軍、ウィーン占領
	4月25日	米軍とソ連軍のエルベの邂逅 ➡P166
	4月28日	ムッソリーニ処刑される ➡P166
	4月30日	ヒトラー、自殺 ➡P166
	5月2日	ソ連軍、ベルリン占領
	5月7日	ドイツ降伏
	7月17日	米英ソのポツダム会談
	7月26日	日本へのポツダム宣言
	7月27日	イギリスで政権交替。チャーチル退陣
	8月6日	広島に原爆投下 ➡P167
	8月8日	ソ連、日本に宣戦布告 ➡P167
	8月9日	長崎に原爆投下 ➡P167
	8月15日	昭和天皇の玉音放送
	9月2日	日本降伏。WW2の終結 ➡P167
1947	2月10日	パリ講和条約
1949	5月23日	西ドイツの成立 ➡P170
	10月7日	東ドイツの成立 ➡P170
1951	9月8日	サンフランシスコ講和条約および日米安全保障条約

WW2中のヨーロッパ

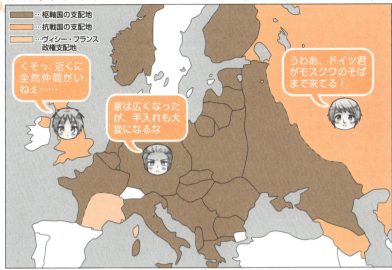

■…枢軸国の支配地
■…抗戦国の支配地
□…ヴィシー・フランス
　政権支配地

くそっ、近くに全然仲間がいねぇ……

家は広くなったが、手入れも大変になるな

うわあ、ドイツ君がモスクワのそばまで来てる！

↑枢軸国の勢力範囲がもっとも広かった頃がこんな状態。西はフランス、東はロシア（ソ連）をごっそり奪っています。枢軸国に完全に囲まれているスイスも大変……。

WW2後のヨーロッパ

スウェーデン　フィンランド
ノルウェー
エストニア
ラトビア
リトアニア
ベラルーシ
東ドイツ
ポーランド
ソ連(ロシア)
ウクライナ
西ドイツ
イギリス
フランス　オーストリア　ハンガリー
スイス
ポルトガル
スペイン
イタリア

東西を合わせても前より狭くなったな……

俺の家も復活したし！

わーい、家が前より西に広くなったよ

俺の家は前のままだよ〜

↑WW2後は敗北したドイツが東西に分割されました。合併していたオーストリアとも分離。ポーランドの領土が西に「ずれた」（増えたではない）のにも注目です。

フランス お兄さんの 特別講義 ⑦

1941年 はWW2にとって2つの大きな転機があった年だ。それがドイツのロシア(ソ連)侵攻、そして日本とアメリカとの開戦だったんだ。

新たな戦いの始まり

ドイツ --- イギリスとの戦いは手詰まり。
　　　　　ならばロシア(ソ連)をつぶそう！
1941.6.22　バルバロッサ作戦開始

日　本 --- アメリカとの交渉は手詰まり……。
　　　　　一気に勝負して有利な講和を！
1941.12.8　真珠湾攻撃

※このとき北アフリカでは
ドイツ＆イタリアとイギリスが
ドンパチ中

次の目標はロシア(ソ連)！　バルバロッサ作戦

　バトル・オブ・ブリテンでいったんイギリスから手を引いたドイツ。ヒトラーは先にロシア(ソ連)を倒すことにします。冬戦争（→P148）でフィンランドに手こずった程度の相手（※1）、恐るるに足らず！かくて1941年6月22日、ヒトラーはバルバロッサ作戦を発動。独ソ不可侵条約を破りロシア(ソ連)を攻撃します。

めざすはモスクワ！

● レニングラード
● モスクワ
● ミンスク
● ベルリン　● ワルシャワ
● キエフ
● スターリングラード

※地図の国境線は現在のもの。

ついに来るべきものが来たか……。不可侵条約もこれまでだな

ど、ドイツ、大丈夫？　ロシア(ソ連)って寒くて広いよ……

ドイツ君とはいずれ戦うことになると思ってたけどねー

※1 もともとヒトラーはドイツを東へ東へ領土を広げることを考えていました。不可侵条約は時間稼ぎで、ロシア(ソ連)への攻撃は既定路線。また、ドイツの戦いの陰でバルト三国やフィンランドに手を出したロシア(ソ連)をヒトラーは苦々しく思っていました。

日本の真珠湾攻撃！ アメリカとの開戦

中国での戦争、アジアのフランス領でのもめ事、アメリカやイギリスによる経済制裁（※2）など問題が山積みだった日本。今更退くこともできず、政府の上司たちはもう話し合いでは解決できないと考え始めました。特に日本に対して厳しかったアメリカとの戦いの気運が高まります。そしてついに1941年12月8日、日本はハワイの真珠湾を奇襲攻撃（※3）。こうして日本はアメリカなど連合国と戦うことになります。

コラム【アメリカの参戦】

日本と同盟国（※4）のドイツとイタリアも日米開戦と同時にアメリカに宣戦布告します。こうしてアメリカは本格的にWW2に参戦することに。なお、このときまでアメリカはイギリスなどに物資の援助はしていたものの軍は送っていません（※5）。

↑自分に得がないと動かないアメリカだったので、イギリスとしては嬉しい展開？

※2 いわゆるABCD包囲網。アメリカ、イギリス、中国、オランダの頭文字でABCD。
※3 日本としてはとりあえず一撃を加え、その成果をもって有利な条件で早めに和平を結ぶつもりだったのですが……。なお、真珠湾攻撃の計画はドイツとイタリアには秘密にしていました。
※4 実は日本がアメリカを攻撃した場合、同盟国に参戦の義務はありませんでした。にも関わらず、ヒトラーがなぜ自分の首を絞めることになるアメリカへの宣戦布告をしたのかは謎に包まれています。
※5 アメリカの財界にはドイツと関連がある企業が少なからずあったので、アメリカがドイツと本気で戦う意味は薄かったのです。

イタリアの意地！ 騎兵部隊の突撃

弱かったと言われるイタリア軍ですがロシア（ソ連）軍を相手に、馬に乗った騎兵部隊が大活躍したこともあります。それが1942年8月のドン河での戦い。大きな被害を出しながらも敵を撃破した彼らは、イタリア国王から賞賛されました。

俺の上司がドイツの応援をするって言い出して、ロシア（ソ連）に遠征したときの話だよ

正直イタリアの手伝いは不安だったが、俺も切羽詰まってきていたからな……

この戦いはヨーロッパで最後に成功した騎兵突撃だったと言われているよ

騎兵

←ぬかるみの多い季節のロシア（ソ連）では馬も立派な移動手段でした。

フランスお兄さんの特別講義 ⑧

気づいたときにはロシア（ソ連）との戦いが泥沼になってしまったドイツ。1943年には北アフリカの戦いに決着がついたぞ。お兄さんの逆襲タイムまではもう少し……かな？

〈1942.8〜1943.2〉 スターリングラード攻防戦

スターリンの
名を持つ都市

スターリングラード
（現ヴォルゴグラード）
→WW2最大の激戦地！

死傷者約200万人…

一方1943年春、北アフリカで英米に敗れたイタリアは…!?

WW2の節目となったスターリングラードの戦い

「生身で戦車止めてこいって…」
「やったのかい？」

↑ロシア（ソ連）では戦車に歩兵がつかまって運んでもらうこともありました。

ロシア（ソ連）の切り札
T-34中戦車

斜めの装甲で弾をはじく！

幅広のキャタピラでぬかるみもOK！

1941年6月にモスクワを攻略しようとしたドイツ軍。しかし秋のぬかるみで時間をロスし、冬将軍の訪れ（※1）で作戦は失敗します。そして翌年の夏、再び攻勢に出たドイツとロシア（ソ連）が激突したのがスターリングラード。WW2でもっとも熾烈な戦いが行われました（※2）。約7ヶ月の戦闘で町は廃墟になりましたが、名戦車T-34などを投入したロシア（ソ連）が勝利。ドイツは戦いの主導権を失います。

※1 すぐに決着をつける予定だったドイツ軍は冬用の装備を用意していませんでした。そしてロシア（ソ連）の兵はフィンランドとの冬戦争で冬場の戦いの経験を積んでいました。
※2 戦いの最中、スターリンはイギリスにフランスを占領しているドイツ軍を攻撃するよう要求。が、戦力をドイツへのとどめに取っておきたかったイギリスはのらりくらりとかわしました。バトル・オブ・ブリテンで支援してくれなかったのを根に持っていたという説も。

ムッソリーニの失脚とイタリアの降伏

ドイツがロシア（ソ連）で悪戦苦闘していた頃、北アフリカでも英米連合軍に枢軸軍は追いつめられていました。ロンメル将軍は帰国し、1943年5月に枢軸軍は降伏。北アフリカの戦いが終わります。7月25日、国民の支持を失ったムッソリーニは失脚。9月にイタリアは連合国に降伏し、10月にはドイツに宣戦布告します。

←ムッソリーニの失脚によりイタリアはドイツの敵に……。

見て見てドイツ　俺　すっごい事したんだよ！　この車　すっごいんだよ〜！

どこで敵に遭っても　すぐ逃げられるように　ジュリアーニさんが　車　超改造してくれたんだよぉぉぉぉ〜！！

 ドイツ〜、上司が交替したらドイツと戦うことになっちゃった！

 ……。まあ上司が替わった時点でそうなるだろうと思っていたさ

 このとき私の家に停泊することになったイタリアさんの軍艦にいたコックさんが、私の家でイタリア料理店を開いたんですよ

アクション映画も真っ青!?　グラン・サッソ事件

 グラン・サッソはイタリア語で「大きな石」という意味なんだよ〜

 救出はしたが、ムッソリーニにはもう戦いを続ける気力はなかったようだ……

 ジャック・ヒギンズの小説『鷲は舞い降りた』は、この事件がヒントなんだ

失意の底にいたムッソリーニはイタリア中部にあるグラン・サッソのホテルに捕らわれていました。しかしヒトラーの命令でスコルツェニー大尉率いるグライダー部隊がホテルを襲撃。鮮やかに救出します。その後、ムッソリーニはドイツの働きかけでイタリア北部に樹立されたイタリア社会共和国の元首となりますが……。

ムッソリーニがいたホテル
カンポ・インペラトーレ

フランス お兄さんの 特別講義 ⑨

<1944.6.6>
ノルマンディー上陸作戦
（オーバーロード作戦）

そして パリの解放(1944.8.25)

[連合軍] アイゼンハワー将軍

VS

[枢軸軍] ロンメル将軍

解放後のパリでは
アメリカ兵にシャネルの5番が人気に！

ドイツの力に陰りが見え、ついにお兄さんの反撃のときがやってきた！それがノルマンディー上陸作戦だ。上司同士のゴタゴタもあったけどね。

史上最大の作戦！　フランスとドイツの運命は……

いまやWW2は連合国、というよりアメリカとロシア（ソ連）が主導権を握りつつありました。1943年11月のテヘラン会談（※1）ではフランスへの上陸作戦の実施が決定。そして1944年6月（※2）、ノルマンディーへアメリカのアイゼンハワー将軍の率いる連合軍が上陸します。休暇で本国に戻っていたロンメル将軍は慌ててフランスに向かいますが、時既に遅しでした。

フランスの話はどうだっていいんだけどさっきから何か変な気配がするんだよ……

あっ、俺も……俺以外に誰かいるような……

↑アメリカはド・ゴール将軍をフランスの代表とは認めず無視していました。

ダンケルクの借りを返すときが来たな。パンジャンドラム用意！

いやイギリス、それはいいから……。みんな、俺に続け！

あの、来てくれるのは嬉しいが俺の上司がヘソ曲げてるぞ（※3）!?

ノルマンディー周辺地図

イギリス
フランス
•パリ
ノルマンディー海岸

※3 このときハブられたのを根に持ったド・ゴールは20年後の記念式典への出席を拒否しました……。

※1 この会談でチャーチルはアメリカを野牛、ソ連を熊、そしてイギリスをロバに例えています。
※2 予定では5月でしたが、天候不良などで6月に延期。なお、作戦のことは直前まで機密保持のために自由フランスのド・ゴール将軍には知らされませんでした。一応知らされたのはチャーチルの思いやり。ルーズヴェルトは無視しようとしました。

164

「パリは燃えているか」～ドイツ軍の抵抗とパリ解放～

上陸作戦は成功し、連合軍はフランスを占領していたドイツ軍を追い払って行きます。ついに連合軍はパリへ進撃。そして1944年8月、パリ市内でも市民が立ち上がりドイツ守備隊と激しい戦いを繰り広げ

ます。ヒトラーはパリを焦土にしてでも徹底抗戦するよう命じましたが、守備隊司令官のコルティッツ将軍は降伏。そして8月25日、自由フランス軍を率いたド・ゴールは4年ぶりにパリに戻った（※4）のでした。

コルティッツ将軍はのちにパリを救ったとも言われたんだ

ド・ゴールはこの後、名実ともにフランスの指導者になったぞ

➡1940年の占領以来、ついに国際的立場を取り戻したフランスでした。

修理してくれる奴がいる限り船はずっと使えるだろ

※4 ド・ゴールはフランス軍がアメリカ軍やイギリス軍より先にパリに入ることを望みました。

シャネルの5番とアメリカ兵

めでたく解放されたパリですが、ドイツ人と親密だった人は吊るし上げにされました（※5）。デザイナーのココ・シャネルもドイツの将校と仲が良かった女性。すぐ釈放されましたが、彼女も一度逮捕されています。パリ解放後にフランス中の非難を浴びたココですが、アメリカ兵は彼女の店に香水のシャネルの5番（※6）を求めて行列を作ったとか。

ドイツに協力していたことから、戦後の俺の家でココはとても非難されたんだ

でも、1950年代の俺の家では、復活したシャネルの服が大人気になったんだぞ

WW2後、しばらくシャネル女史は我が輩の家でほとぼりを冷ましたのである

コラム【ココ・シャネル】

女性服の新境地を拓いたフランス人デザイナー。模造宝石をファッションに取り入れるなど、大胆なセンスの持ち主でした。

スイスのローザンヌにあるシャネルの墓

※5 ノルウェーやオランダなど、他の占領された地域でも同様でした。中には母国を離れざるを得なかった女性も……。
※6 シャネルの5番はWW2でも品質を落とすことなく販売され、厳しい時代におけるラグジュアリーへの憧れの象徴として大人気でした。多くのアメリカ兵が故郷の妻や恋人に贈ろうとこの香水を求めました。

フランスお兄さんの 特別講義 ⑩

1945年、いよいよWW2も終わりを迎えようとしていた。でも次のもめ事のタネはもう芽吹いていたんだ。……ん、イタリアは何やってる？

〈1945.5.8と8.15〉 ドイツと日本の降伏

1945.4.30
ヒトラー、エヴァ・ブラウンと自殺 ナチス崩壊

1945.8.6/8.9
広島、長崎に原爆投下

同8.8
ロシア(ソ連)対日参戦→ 日本降伏へ

先を見る者、去り行く者

　1945年になり、連合国はすでにWW2後を見ていました。ヤルタ会談では戦後のドイツやポーランドの扱いなどが話し合われます（※1）。そして4月12日、アメリカ大統領ルーズヴェルトが病死。イタリアではヒトラーの傀儡（かいらい）政権の元首だったムッソリーニが逃亡の末に捕まり、4月28日に処刑。彼の死を知ったヒトラーも4月30日にエヴァ・ブラウン（※2）と自殺。ヨーロッパの戦いは終わりました……。

コラム【エルベの邂逅（かいこう）】
　1945年4月25日、ナチスの残党を駆逐すべく東進していたアメリカ軍と、西進していたロシア(ソ連)軍がエルベ川沿岸で出会いました。両軍の兵士は酒を酌み交わして勝利を祝ったそうです。

 うふふ、東プロイセンの北半分は僕がもらうね♪

 ヤルタ会談でダンツィヒも俺の家に組み込まれたし

 これらの土地にいたドイツ人たちは本国へ戻ったぞ

割譲（かつじょう）されたドイツ領土

ソ連領になった土地
ポーランド領になった土地
ドイツ
ポーランド

※1 話し合ったのはチャーチルとスターリンとルーズヴェルト。ルーズヴェルトに反対されてド・ゴールははずされました。
※2 長年、ヒトラーの愛人だった女性。ヒトラーは女性の支持を得るため結婚しませんでしたが、自殺直前に彼女と簡素な結婚式を挙げました。なお、ムッソリーニも最期のときは愛人のクラレッタ・ペタッチが共にいました。

最後に降伏した日本

日本との戦いで犠牲者を増やしたくないアメリカはヤルタ会談で、一応日本と中立条約を結んでいたロシア（ソ連）を密かに戦いに引き込みます。ドイツの降伏後も戦っていた日本ですが、8月に原子爆弾が落とされ、さらにロシア（ソ連）に攻められて降伏しました。

俺の家ではルーズヴェルトの後をついでトルーマンが大統領になっていたぞ

日本君は僕にアメリカ君たちとの仲裁役になって欲しかったみたいだけどね……

コラム【原子爆弾】

1945年8月6日に広島に、9日に長崎に原子爆弾が落とされました。2018年現在、唯一の核兵器の実戦使用例です。

広島の原爆ドーム

ロシア（ソ連）を引き込むなんて……。アメリカのヤツ、甘いにも程があるってんだ

WW2の終わりと東西冷戦の始まり

WW2は終わったけど、まだ後始末が……。頼むよ、マッカーサー！

おいアメリカ、絶対にロシア（ソ連）を信用するなよ。スパイにも用心しろ！

お兄さんはアメリカにもロシア（ソ連）にもあんまり肩入れしたくないねえ

アメリカ君、日本君ちを独り占めなんてずるい。僕も北海道の半分くらいは欲しかったんだけどな

コラム【イタリアの内輪もめ】

ムッソリーニを傀儡にドイツが作ったイタリア社会共和国と、連合国側についたイタリア王国に分裂して戦ったイタリア。イタリア王国が勝ったことで、イタリアはWW2の敗戦国兼戦勝国になりました（※3）。

1945年9月2日、日本の降伏によってWW2は終わりました。これまでは主に「反ヒトラー」で結束していた連合国の面々でしたが、今度は資本主義の国と社会主義の国の対立が始まります。この東西冷戦は20世紀末まで続くことになります――。

※3 戦後のイタリアはギリシャやロシア（ソ連）に賠償金を払いましたが、日本やドイツから賠償金をもらっています。

フランスお兄さんの特別講義⑪

WW2のあとで日本の家に進駐したのが、アメリカが中心になったGHQなんだ。それからの日本の復興の様子を駆け足で見てみるとしよう。

戦後の日本の復興

- アメリカによる占領政策の始まり
- 非軍事化、民主改革
  ↓
  経済の成長をもたらした

1964 東京オリンピックは復興の象徴に

東京タワーは1958年完成
全高333m

エッフェル塔より高い！

日本にやってきたGHQ

WW2後に疲労困憊（こんぱい）の日本の家を訪れたのが連合国軍総司令部。通称GHQ（General Headquartersの略称）です。彼らは日本を非軍事化するため政治の民主化や、軍や財閥の解体（※1）を進めました。

その後、1950年に朝鮮戦争が勃発。戦争特需により日本は好景気に沸きました。またこの戦争で日本に進駐していたアメリカ軍の一部も朝鮮半島に向かったため、日本の自立が急がれることに。1951年にサンフランシスコ講和条約が結ばれ、日本と連合国（※2）の戦争状態が終わりました。

コラム【ダグラス・マッカーサー】

日本に来たGHQの最高司令官。朝鮮戦争では国連軍指揮官として活躍。退役時に「老兵は死なず、ただ消え去るのみ」という言葉を残したことでも有名です。

これがアメリカの洗礼ですか⁉

↑コーヒーやサラダなど、アメリカ的な食べ物が日本に広まったのはこの頃です。

※1 三井・三菱・住友・安田の四大財閥は政府と関係が深く戦争の経済的基盤になったとして解体されました。が、財閥の流れを組む企業は残り、のちに企業グループが作られました。
※2 中国は講和会議に出席せず、ロシア（ソ連）も条約に署名しませんでした。それらの国とはのちに個別に協定を結び戦争の終結に合意しました。

子供とスキムミルクと回虫騒動

戦後の日本はとにかく食べ物不足。特に子供への食べ物を何とかせねば、ということでアメリカからどかっと贈られたのが小麦粉と脱脂粉乳。これを機に日本の給食にはパンと牛乳が定着していきます。ただし当時の脱脂粉乳は、今のスキムミルクよりかなりマズかったとか。

一方、GHQを悩ませたのが寄生虫。当時の日本の野菜には回虫の卵があることが多く（※3）、生野菜を食べるアメリカ人は大変なことに……。GHQの指示で学校で検便など寄生虫対策が行われるようになります。

→ WW2直後は卵も稀少品！復活は昭和30年代になります。

物価の優等生の卵が六十円まで値上げですか！？

庶民の卵かけご飯がセレブの食べ物になってしまうなんて……

セレブどころか!?

俺の家では小麦粉がたくさん取れるから日本にもたくさん買ってほしいぞ！

うちでは、アメリカさんに教わるまでは生野菜って食べなかったんですよね

※3 当時の日本では人糞を肥料に使っていたため、寄生虫が珍しくありませんでした。

東京タワーの建設、そして東京オリンピックへ

東京五輪の柔道ではオランダ人のヘーシンク選手の優勝が話題になったんじゃ

私の家には衝撃でしたが、これで柔道が世界的に有名になったんですよね

僕の家でも1952年にヘルシンキ五輪が開かれました。日本の選手も来ましたよ

WW2の敗戦を乗り越え、急速に回復を遂げていった日本。1958年にはテレビ塔として東京タワーが完成します。さらに1964年には東京オリンピックが開催（アジア地域では初）。日本の復興が国内外に示されました。

← 東京では2020年に再びオリンピックが開かれる予定です。

トルコさん……はい！良きものにしてみせます！

おめでとさん！おめえさんの家ならいいオリンピックになりそうだな！頑張れよっ

フランス お兄さんの 特別講義 ⑫

WW2後の枢軸の連中はいろいろ大変だった。ドイツは分裂、イタリアも王様が追い出されるし……。どんなことがあったのか見てみようか?

〈ヨーロッパ〉 戦後の世界・枢軸編

- ドイツ→西ドイツ/東ドイツに分裂 ベルリンの壁

- イタリア→王政廃止

- オーストリア→ドイツと離れることに

- ハンガリー→ロシア(ソ連)影響下に

- フィンランド→スウェーデンと協力

……などなど

東西に分かれたドイツ

▶ 原作6巻 P65参照

ドイツの家(とベルリン)は米・英・仏・ロシア(ソ連)で分けることになります。しかしWW2末期、すでに英米とロシア(ソ連)は仲たがい寸前でした。そして戦後の1949年、それぞれの占領していた地域でアメリカたちが西ドイツを、ロシア(ソ連)が東ドイツを作ることを一方的に宣言。ドイツは分裂します。

東西ドイツ地図

西ドイツ / ベルリン / 東ドイツ / ボン

西ベルリン　東ベルリン

ベルリンも東西に分かれたんだ。1961年にはベルリンの壁ができたが、1989年に破壊されたぞ

私の家の場合はアメリカさんが中心で動いていたので、ドイツさんのようにはなりませんでした

↑ドイツは東西に分裂しましたが、1990年に再統一を果たすことになります。

王国から共和国になった
イタリア

▶原作6巻P98参照

何やかやでドイツや日本ほどダメージを受けずにWW2を乗り切ったイタリア。しかしムッソリーニを台頭させた王家（※）をどうするかが問題になります。南部では王政を望む声も大きかったのですが選挙の結果、イタリアは共和国として出直すことになります。

↑共和制にはなったものの、やっぱり政治ではすったもんだの多いイタリア。

オーストリアは永世中立国に

▶原作6巻P59参照

WW2後、同居していたドイツの家を出て連合国に占領されたオーストリア。しかし国自体は保たれ1955年、ドイツとの合併の永久禁止を条件に永世中立国として独立しました。

↑占領下のウィーンの様子は、古典映画『第三の男』で見ることができます。

※サヴォイア王家。ムッソリーニと関わったヴィットーリオ・エマヌエーレ3世が戦後に退位しウンベルト2世が即位しましたが人気を取り戻せず、イタリアから追放されました。

共産圏になったハンガリー

▶原作6巻P91参照

WW2後はロシア（ソ連）の影響下に置かれたハンガリー。オーストリアとも隔てられましたが1989年、国境の鉄条網を撤去。これがベルリンの壁崩壊や冷戦終結の流れを呼ぶことに。

↑トカイワインは甘くて濃厚！　農業や観光に力を入れているハンガリー。

独立を守り抜いたフィンランド

▶原作3巻P52参照

迫るロシア（ソ連）と戦うためにドイツに接近した結果、枢軸国扱いされてしまったフィンランド。WW2後はロシア（ソ連）の影響が強まりますがうまく切り抜け、独立を維持しました。

↑東西の冷戦が終わると西側諸国に近づき、1995年にEUに加盟しました。

171

フランスお兄さんの特別講義 ⑬

WW2が終わってからの、俺たちのその後を紹介するぞ。アメリカとロシア(ソ連)はでかくなったが、俺やイギリスは苦労したんだ……。

戦後の世界・連合編

- イギリス・フランス→不景気で苦労する

- アメリカ vs ロシア(ソ連)の「冷戦」が始まる

- 中国→国民党と共産党

- ポーランド→再独立&共産主義化

……などなど

イギリス、借金にあえぐ
▶原作5巻P84、6巻P90参照

WW2中に食糧不足に悩んでいたイギリスでしたが、戦後も寒冬の影響やアメリカへの借金返済のために配給制度が継続されました。紅茶が自由に買えるようになったのは1952年(※1)。この配給期間の長さがイギリスの食に影響を与えたという説も……。

↑香港は1997年に中国に返還されました。

↑戦後はインドなど、多くの植民地が独立。大英帝国の絶頂期は終わりを迎えます。

フランス、不況になって!?
▶原作1巻P87参照

WW2の北アフリカ戦線でも守り抜かれた海運の要所がスエズ運河。しかし1956年、エジプトがスエズ運河を国有化。慌てたイギリスとフランスはエジプトに乗り込みます(スエズ危機)が失敗。以後、フランスは独自の生き方を模索するようになります。

↑この頃のフランスは自信喪失気味で、イギリスのエリザベス2世女王を国家元首に戴く英仏縁組みを申し出たりも……。

超大国になったアメリカ

▶原作5巻P105参照

戦後のアメリカはイギリスやフランスに替わって、世界をリードする立場に！ ヨーロッパの復興のためにマーシャル・プランと呼ばれる援助計画でイギリスたちを助けました（※2）。

↑圧倒的な力を持ったアメリカでしたが、それはそれで苦労も絶えなかったり？

※2 ロシア（ソ連）など東側諸国は不参加。

冷戦の雄、ロシア（ソ連）

▶原作5巻P62参照

アメリカと並ぶ超大国になったロシア（ソ連）。冷戦中だった1962年にはアメリカ嫌いのキューバと仲良くなったためにアメリカが怒り、核戦争寸前になったことも。しかし次第に力が衰え、1991年にバルト三国が独立。ついに「ソ連」という家は崩壊します。

↑冷戦の時代、アメリカとは絶対に相容れないライバル同士でした。

WW2と上司が変わった中国

日中戦争で中国（中華民国）を援助していたアメリカが戦後は消極的になり、代わりにロシア（ソ連）の影響が強まります。結果、中国には共産主義の中華人民共和国ができました。

結局、日本もアメリカも、そしてロシア（ソ連）も私の家から得たものはなかったある

中華民国の上司だった蒋介石は、1949年に中国共産党に敗れて台湾に移って来たヨ

国土を取り戻したポーランド

WW2後、ポーランドは独立を回復。しかしロシア（ソ連）がゴネたため、国土が西にずれました（※3）。そんなこともあって戦後は社会主義国になったものの、いまいちロシア（ソ連）とは仲が良くないポーランドでした。

家の場所がずれたんで、そこに住んでいた人々の大移動が起きたし。大変だったし！

ポーランドさんは1989年、ロシア（ソ連）さんの影響下の国で初めて非社会主義政権になりました

※3 WW2冒頭でロシア（ソ連）が占領したポーランド東部の土地がロシア（ソ連）に組み込まれ、代わりにドイツの土地の東部がポーランドに与えられました。

お題「本当に**勝った**のは誰だ？」

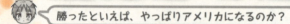

勝ったといえば、やっぱりアメリカになるのか？

あいや、我やお前も戦勝国と違うあるか？

まあ勝ったといっても、戦後のイギリスはドイツより長く配給をやってたくらいだからなー。
植民地もぱんぱん独立したし、大英帝国も形無し！

やかましい、お前だって似たようなもんだろーが。
スエズ危機で俺に婚姻届を送りつけたのは誰だよ！

いやん、あれは上司の気の迷いだって！

まあまあ。イギリスはそんなに大変だったのかい？

……うるさい、俺だって立場とかいろいろあったんだよ
（お前への借金とかな！）

……そうだね。でも俺だってWW2後は超大国なんて言われたけど、
ロシアとの睨み合いは大変だったよ。結局ロシアが一番勝ち組だったんじゃないか？　中国も持って行かれたし

満州は中国君に返したよー。それにWW2の被害が一番大きかったのは僕だよ。姉さんやベラやリトアニアたちがいたソ連の家は
半世紀で崩壊しちゃったし。……でもドイツ君のところは再統一したよね

オーストリアを追い出して俺の家を半分にしたのはお前たちの都合だぞ
……。だいたい俺やイタリアや日本はWW2に敗れただろう

でも今のドイツさんはユーロの中心じゃないですか

それを言うならお前もずいぶん経済成長しただろう

え、私は……うーん、どうなんですかねえ。
イタリア君はどう思います？

俺はよく分かんないけど、
一言しゃべらせてもらうなら……パスターッ‼

そして時代は21世紀へ…

パスターーッ‼

アメリカはときどき思い出す
イギリスと過ごした日のことを……

イギリス！　また来てくれたんだ！

まだ何も知らなかった
アメリカ

……こんな心細い経験あるからよくわかるよ　また来るから

お前も頑張って強くなれよ

また来るから

うん

今よりも若かった
イギリス

おじゃま虫の
フランス や カナダ も交え、

太あつっちゃいい！　こっちは素晴らしいフランス料理の毎日お前を持ってるぜ！

そうだ

えー……

ぼ、僕の兄弟じゃなんだが気にしないと思うよ

少々やんちゃな親だが

人の家で暴れるのはお止めなさい！

うぉぉぉ

新大陸はいつも 大騒ぎ

しかし、**決別の刻**は

い……いらねえなら別にいい……

迫りつつあって——

To be continued……

175

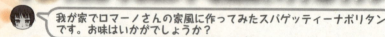

ヘタリア的 WW2こぼれ話 EX
～戦いと食事と～

アメリカからもヒントを得た（？）ナポリタン

- 我が家でロマーノさんの家風に作ってみたスパゲッティーナポリタンです。お味はいかがでしょうか？

- 優しいケチャップ味が美味しいね～！　兄ちゃんに教わったの？

- アメリカの兵士がWW2後、日本で缶詰のスパゲッティーにケチャップをかけて食べているのをヒントにいろいろ工夫したんだそうだ

**味の決め手は
ケチャップと
柔らかいパスタ！**

in ナポリ

これが我が国の「ナポリタン」です……！

おおそれが伝説のなぽりたんかこのやろう……！

**ちなみに本場の
ナポリターナは
ケチャップ
ではなく
トマトを使うぞ！**

…………

……!? !!

III II

どうなんですかその反応!?

戦争は大変やねんけど、いろいろな
文化が伝わることもあるんやね～

ヘタリア的
独立編

大航海時代を経て、イギリスやフランスたちは
新大陸（アメリカ）へ向かう。
そこには新たな国の息吹が……！？

俺の……弟……？

お兄さんの料理で
アメリカもバッチリさ♪

プロイセン、
あなたという人は……！

最近、景気悪いわ―

イギリス、
カトリックやめちゃうの？

兄さん、慎重にな

西の方は
にぎやかだねー

我は自給自足
してるある！

起こさないで
ください……

弟……！

俺たちの

ヨーロッパと新大陸の
騒動が複雑に絡み合って……
果たして彼らの運命は！？

イギリス！
また来て
くれたんだ

俺なんか兄弟仲よく
暮らせるなーって
思って……

アメリカ独立革命での各国の関係

この頃のイギリスの上司はドイツと縁のある人だったので、アメリカ独立革命にはドイツの傭兵もやってきました。またイギリスは同じ時期にオランダともケンカしていました。

アメリカと支援国

アメリカ

スペイン

フランス

VS

イギリス

イギリス

ドイツ兄の一部

ぶっちゃけまとまってない感じでした

元々はたくさんの国が神聖ローマ帝国としてまとまっているようなまとまっていないような

中立国

デンマーク

スウェーデン

ロシア

カナダ

プロイセン

アメリカの独立騒動には多くの国が注目したぞ

アメリカ軍だ！勝負だ！ドイツ傭兵軍！

ヘタリア的世界年表
（アメリカ独立編）

アメリカ大陸が発見された15世紀から、アメリカが独立100周年を迎える19世紀末までの出来事をまとめました。この間、アメリカ以外にもいろいろな国が独り立ちしています。

年代	アメリカ	ヨーロッパ	アジア
1405			明(中国)の鄭和が南海遠征 ➡P182
15世紀中頃		大航海時代が始まる(〜17世紀中頃)	
1467			日本で応仁の乱が起きる。戦国時代へ
1479		スペイン王国の成立	
1480		モスクワ大公国(ロシア)がモンゴル支配より自立	
1492		コロンブスがアメリカ(西インド諸島)に到達 ➡P182	
1497		ジョン・カボットが北アメリカ大陸に到達 ➡P184	
1504		スペイン、ナポリ王国(ロマーノ)を支配下に置く	
1513		ローマ教皇レオ10世が贖宥状を発売	
1517		ドイツのルターが九十五ヶ条の論題を発表(宗教改革の始まり) ➡P200	
1534		イギリス、カトリックをやめて国教会を成立 ➡P184	
1543			日本にポルトガル人が来航
1549			日本にフランシスコ・ザビエルが来航
1553		イギリスでメアリ1世が即位 ➡P185	
1558		イギリスでエリザベス1世が即位 ➡P185	
1585	イギリス、ロアノーク島へ植民開始するが失敗に終わる ➡P185		
1588		イギリス、スペインの無敵艦隊を破る	
1600			日本で関ヶ原の戦い
1603			日本で江戸幕府が始まる ➡P206
1607	イギリスがヴァージニア植民地を設立		
1609	オランダがニューネーデルラントを設立		
1614		オランダ、スペインから事実上の独立 ➡P187	
1618		三十年戦争(〜1648) ➡P201	
1620	イギリスのメイフラワー号がプリマスに到着 ➡P204		
1623			アンボイナ事件で英蘭が対立 ➡P188 / 日本からイギリスが撤退
1624			日本、スペイン船の来航を禁止する
1638	スウェーデン&フィンランドがニュースウェーデンを設立 ➡P186		
1639			日本、ポルトガル船の来航を禁止する
1641			日本、オランダ商館を長崎の出島に移す
1642		イギリスで清教徒革命が始まる ➡P205	
1643		フランスでルイ14世が即位 ➡P191	
1644			明が滅亡、清が中国を支配
1649		イギリスで国王チャールズ1世が処刑される	
1652		第1次英蘭戦争(〜1654) ➡P188	
1655	ニュースウェーデンがニューネーデルラントに組み込まれる ➡P186		
1664	イギリスがオランダからニューアムステルダムを奪い、ニューヨークに改名 ➡P189		
1665		第2次英蘭戦争(〜1667) ➡P189 / ニュートンが万有引力の法則を発見 ➡P196	
1670		ドーヴァーの密約	
1672		第3次英蘭戦争(〜1674) ➡P189	
1673			日本、イギリスの船を追い返す(以降、鎖国)
1682	フランスが仏領ルイジアナを設立 ➡P191		
1683		オスマン帝国による第二次ウィーン包囲。コーヒーがウィーンに伝わる ➡P199,235	
1688		イギリスで名誉革命が起きる ➡P203	
1700		大北方戦争(〜1721) ➡P235	
1701		スペイン継承戦争が起きる(〜1713) ➡P192	

年代	アメリカ	ヨーロッパ	アジア
1701		プロイセン王国が成立 ➡P194	
1702	アン女王戦争(～1713) ➡P193		
1707		イギリス、グレートブリテン王国になる	
1719		リヒテンシュタインが始まる	
1721		帝政ロシアが始まる ➡P234	
1732	13植民地が設立 ➡P207		
1740		オーストリア継承戦争(～1748) ➡P210	
1744	ジョージ王戦争(～1748) ➡P213	オーストリア=スペイン戦争 ➡P212	
1752	イギリスから自由の鐘が届く ➡P253		
1754	フレンチ=インディアン戦争(～1763) ➡P216		
1756		マリア・テレジアの外交革命 ➡P215 七年戦争(～1763) ➡P214	
1763	フランス、アメリカの領土のほとんどを放棄(パリ条約) ➡P217		
18世紀後半		イギリスで産業革命が始まる ➡P236	
1765	印紙税の導入 ➡P223		
1772		第1次ポーランド=リトアニア分割	
1773	ボストン茶会事件 ➡P226		
1775	アメリカ独立革命が始まる(～1783) ➡P228		
1776	アメリカ独立宣言 ➡P229		
1777		プロイセンでコーヒーに高い関税がかけられる ➡P227	
1778	革命にアメリカ側でフランスが参戦 ➡P232,238		
1780		ロシア主導による武装中立同盟 ➡P239	
1783	パリ条約によってアメリカが独立 ➡P233	アイスランドでラキ火山が噴火	
1785	追放されたアカディアの人々(ケイジャン)がルイジアナに定住する ➡P251		
1789		フランス革命が始まる ➡P242	
1791		ロシアのエカテリーナ2世に日本からの漂流民・大黒屋光太夫が謁見 ➡P239	
1792			ロシアからラクスマンが大黒屋光太夫を連れて根室に来航
1793		ルイ16世、マリー・アントワネットが処刑される ➡P242 第2次ポーランド=リトアニア分割	
1795		第3次ポーランド=リトアニア分割	
1803	アメリカ、フランスからルイジアナを買収 ➡P244		
1804		フランスでナポレオンが皇帝に即位 ➡P243	
1806		神聖ローマが消滅 ➡P243	
1812	米英戦争(～1814) ➡P245		
1814		ナポレオン退位 ウィーン会議が開かれる	
1815		ナポレオンの百日天下	
1819	アメリカがスペインからフロリダを買収 ➡P245		
1830		ベルギーが独立する	
1834	フラッタリー岬に日本人が漂着 ➡P240		
1840			清(中国)でアヘン戦争が起きる
1845	アメリカ、テキサスを併合する ➡P245		
1848	カリフォルニアで金が見つかる ➡P245	フランスで二月革命が起きる ドイツ、オーストリアで三月革命が起きる	
1852		フランスでナポレオン3世が国民投票で皇帝に即位	
1853		クリミア戦争(～1856)	日本に黒船が来航 ➡P247,249
1861	南北戦争が始まる(～1865) ➡P246 フランスがメキシコに出兵 ➡P247	イタリア王国が成立 ➡P248	
1863	リンカーンの奴隷解放宣言 ➡P246		
1866		普墺戦争	日本で大政奉還
1867	フランス、メキシコから撤退 ➡P247		日本、明治元年を迎える ➡P249
1868		リトアニアで飢饉が発生 ➡P250	
1870		普仏戦争(～1871)	
1871		ドイツ帝国が成立 ➡P249	
1876	アメリカ独立100周年 ➡P252		
1878		パリ万博 ➡P252	
1886	ニューヨークに自由の女神が完成 ➡P252		
1976	アメリカ独立200周年 ➡P253		

ヘタリア的 歴史こぼれ話①

レッツゴー、大航海時代！

香辛料を求めてアメリカ発見!!

中世のヨーロッパはイタリア経由で（※1）東洋の香辛料を買っていました。しかし地中海の東にトルコが居座り、別ルートを探す必要に迫られます。その頃、大西洋を西に進めばインドに着く（※2）と考えたのがコロンブス。スペインをスポンサーにした彼は1492年に計画を実行し、本当に陸地を見つけます。その陸地が新大陸（アメリカ）でした。

昔はやり手だったイタリア!?

イタリアにか!?

ああ昔、興味本位でほっついてたらほっこにこにされたからね！

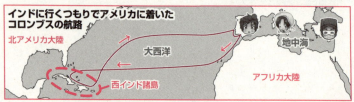

インドに行くつもりでアメリカに着いた
コロンブスの航路

北アメリカ大陸　大西洋　地中海
西インド諸島　アフリカ大陸

鄭和さんが頑張った中国の大航海

コロンブスが1492年にアメリカ大陸を発見するより90年ほど早い1405年。中国は大船団を組んで南海遠征を始めていました。巨大な船を数十隻も用意し、乗組員の数は2万人以上！　その大船団を指揮したのが鄭和でした。船団はアフリカにまで到達し、皇帝のためにキリンやダチョウなどを中国に持ち帰りました。

← 中国はコロンブスとは比較にならないほどの大船団を用意しました。

中国さんの一足早すぎる大航海時代

【中国さんの大航海時代】

← 費用がかかりすぎるため、第7次航海を最後に中国の南海遠征は中止されました。

そう、欲しいものはみんな我が国の中にあったのよ！

本当出ちゃってますよ

我はスペインと違って商売ではなく、力を見せるために航海したある

※1 イタリア商人は地中海東岸に出かけ、イスラム商人からインドやアジアの香辛料を買いつけてヨーロッパに売りさばいていました。
※2 コロンブスは地球が丸いなら、ヨーロッパからずっと西に進んでいけば必ずインドにたどり着くと考えました。彼は自分が発見したアメリカ大陸を死ぬまでインドの一部だと信じました。

第1章
17世紀
～新たな出会い～

アメリカ大陸への移民をはじめ、17世紀に起きた
さまざまな事件をヘタリアのキャラクターたちが紹介！

イギリス、カトリックをやめる!?

(1534)

大航海時代、スペインが送ったコロンブスに負けじと北アメリカを見つけていたイギリス。
しかし、16世紀になると宗教の問題で国中が大騒ぎになります。

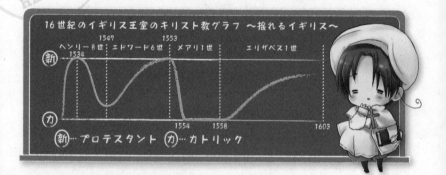

16世紀のイギリス王室のキリスト教グラフ 〜揺れるイギリス〜

新…プロテスタント　カ…カトリック

国王の離婚問題で始まったすったもんだ

▶原作6巻
P71参照

15世紀末、イギリスの上司（※1）はイタリア人の船乗り（※2）を送って北アメリカを発見していました。が、16世紀になって次の上司のヘンリー8世が王妃と別れるためにカトリックをやめると言い出したものだからさあ大変。この宗教問題は後々まで尾を引き、イギリスはアメリカどころではなくなってしまうのでした。

コラム【ヘンリー8世】

イギリス国教会を立ち上げた敬虔なカトリック信者の国王。スペイン出身のキャサリン妃をはじめ、生涯で6回結婚しました。カトリックをやめたのはローマ教皇に離婚を認められなかったため（※3）で教義に文句があるわけではなかったので、イギリス国教会の中身はカトリックと似ています。

※1 本書での「上司」は国を率いる人物を表します。「家」は国土のこと。ちなみにこのときのイギリスの上司は国王ヘンリー7世。
※2 ジェノバ出身のジョン・カボット。
※3 ヘンリー8世の妻、キャサリン妃は男子に恵まれませんでした。そのためヘンリー8世にうとまれるようになります。しかしカトリックでは離婚は御法度（今でもフランスやイタリアなどカトリックの国の離婚は大変）。そのうえキャサリン妃は神聖ローマ皇帝カール5世（スペイン国王カルロス1世）の叔母。教皇はカール5世を怒らせかねない離婚を認めませんでした。

ブラッディ・メアリーの弾圧

コラム【メアリ1世】

ヘンリー8世と最初の妻キャサリンの娘でエドワード6世の異母姉。女王となってからイギリスをカトリックへ復帰させましたが、在位5年あまりで病死しました。

ヘンリー8世の息子のエドワード6世はプロテスタントの教えをイギリス国教会に取り入れましたが若くして病死。姉のメアリ1世が女王になります。彼女は熱心なカトリック信者だったので国教会をつぶし邪魔なプロテスタント信者を処刑。その弾圧ぶりから「血まみれ（ブラッディ）メアリ」と呼ばれ恐れられました。

メアリ1世は俺の家の出身のキャサリン妃に育てられた女性やねん

だから熱心なカトリック信者だったんだね～。でもやり方が過激すぎちゃって……（※4）

トマトジュースを使ったカクテル「ブラッディ・メアリー」はメアリ1世のあだ名にちなんでいるんだ

ついに始まったアメリカへの植民

メアリ1世の後継者は異母妹のエリザベス1世。彼女は国教会を復活させ、やっとイギリスの家の中は落ち着きを取り戻します。そこで計画されたのが、発見したきり手をつけていなかったアメリカへの進出。最初にロアノーク島（※5）へ人が送られ、その地はヴァージニアと名づけられますが最初は苦労の連続でした。

コラム【エリザベス1世】

イギリスの宗教問題を解決に導いた女王。生涯結婚しなかったため「処女王（the Virgin Queen）」と呼ばれました。植民地のヴァージニアは彼女のあだ名にちなんでいます。

ロアノーク島に植民した人々はなぜか死体も残さず消えてしまったんだ……。そのためロアノーク島は「失われた植民地」と呼ばれている

この時代に、うちの無敵艦隊がイギリスにボコボコにされてしまったよなー（※6）

北アメリカ大陸

イギリス →

ロアノーク島 →

※4 結果としてカトリック、特にカトリック大国スペインへの敵対心がイギリス市民の間に高まることになりました。
※5 このときの計画は送り込んだ人々が謎の失踪を遂げたため失敗。しかしアメリカへの植民の道筋になりました。
※6 1588年のアルマダの海戦。

オランダとスウェーデンのアメリカ進出!

(17世紀前半～17世紀中頃)

イギリスがアメリカ大陸に別荘(植民地)を建設して軌道に乗りつつあった頃、オランダやスウェーデンたちも続いてアメリカ大陸を訪れます。彼らの様子を見てみましょう。

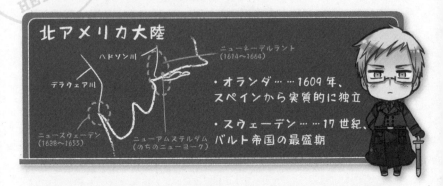

北アメリカ大陸

ハドソン川

デラウェア川

ニューネーデルラント
(1614～1664)

ニュースウェーデン
(1638～1655)

ニューアムステルダム
(のちのニューヨーク)

・オランダ……1609年、
スペインから実質的に独立

・スウェーデン……17世紀、
バルト帝国の最盛期

スウェーデン&フィンランド、オランダに追い出される

▶ 原作2巻
P94参照

　ヴァージニアなどでイギリスが別荘を作っていた頃、オランダとスウェーデン&フィンランドも北アメリカ大陸の川沿いに別荘(※1)を作っていました。デラウェア川に別荘を作ったスウェーデンたちはオランダに追い出されてしまいますが、さまざまな騒動を通してこの地に〝アメリカ〟という個性が生まれつつありました——。

そっ…その僕
スーさんと
アメリカに別荘
作ったんです!

でも
オランダさんが
それ全部
とっちゃったん
ですよ!

←正式な別荘はなくなりましたが、フィンランドやスウェーデンの開拓者はアメリカに残りました。

※1 ニューネーデルラントとニュースウェーデン。ニュースウェーデンのあるデラウェア川はもともとオランダが自分の領土と主張している場所でした。

スウェーデンの事情 〜あちこちと戦争中〜

▶ 原作3巻 P106参照

14世紀以来、フィンランドと同居していたスウェーデン。17世紀前半には「北方の獅子」と呼ばれた上司、グスタフ2世のもとでバルト海沿岸に家をどんどん広げていきました（バルト帝国）。アメリカ大陸に別荘のニュースウェーデンを作ったのもそんな頃。しかしデンマークやポーランド＝リトアニア、新興勢力のプロイセンなどとの争いが絶えず、次第に力が衰えていきます。

↓17世紀はポーランド＝リトアニアも大国でした。

ヨーロッパの戦いで忙しくて、スーさんと作ったアメリカの別荘まで手が回らなかったんですよね

当時のスウェーデンさんとポーランドの上司は親戚で、王位継承問題で揉めたりしました

オランダの事情 〜イケイケの17世紀〜

▶ 原作4巻 P36参照

スペインと同居していたオランダですが重税や宗教改革の影響（※2）で16世紀後半に独立を決意。17世紀には独立を果たし、商売の上手さや船作りの腕を活かして一躍ヨーロッパの実力者となります。アメリカ大陸にも進出し、現在のニューヨーク周辺に別荘を建設。さらに隣にいたスウェーデンたちを追い出しますが……。

↑オランダはニシン（※3）を保存の効く塩漬けにして遠距離を運べるようにして大儲けしました。

コラム【ウォール街】

ニューヨークのマンハッタンにあるウォール街といえばアメリカの経済の中心地。ニューアムステルダム時代にインディアンや、より北部に入植していたイギリス人からの攻撃に備えるための壁が作られたのでウォール（壁）街と呼ばれるようになったとか。

ウォール街は昔から商売が盛んだったさけ

※2 当時のオランダにはプロテスタントが多かったので、カトリックのスペインとは仲が悪くなっていました。なお、独立後のオランダは宗教に寛容で多くの移民がやってきます。
※3 ニシンはこの時代のヨーロッパの人々の重要なタンパク源でしたが、非常に腐りやすいのが難点でした。

英蘭戦争
えいらん
(1652〜54、1665〜67、1672〜74)

16世紀にはそろって大国スペインと戦って勝ったイギリスとオランダ。でも17世紀になると今度はイギリスとオランダが対立。さらにフランスも絡んできて!?

アメリカでニューアムステルダムがイギリスに奪われる（1664）

ロンドン・

・アムステルダム

パリ

第1次英蘭戦争（1652〜54）
イギリス WIN！
↓
第2次英蘭戦争（1665〜67）
痛み分け
↓
第3次英蘭戦争（1672〜74）

VS

※このときのオランダの上司は
1688年、イギリスの上司になった（名誉革命）

火花を散らしたイギリスとオランダ

▶原作4巻
▶P35参照

　17世紀に貿易で大儲けするようになったオランダ。アジアやアメリカ方面にも進出して絶好調の時代を迎えます。最大のライバルは同じく海外へ向かおうとしていたイギリスでした。商売でのイギリスの嫌がらせに（※1）怒ったオランダとイギリスの間で起きたのが英蘭戦争。この戦いではアメリカの植民地にも影響が……。

お会計12ユーロになりますが…

go Dutch!!
（割り勘で頼む!!）

↑Dutch（オランダ）とつくと微妙な意味になる英語が多い（※2）のは、イギリスがオランダをライバル視していたから!?

コラム【アンボイナ事件】

インドネシア東部のアンボイナ（アンボン）島は香辛料貿易の重要拠点で17世紀にオランダが進出。遅れてイギリスも現れ、激しく対立します。1623年、オランダ側は自分たちへの襲撃の容疑でイギリス勢力（日本人も含む）を処刑しました。事件はイギリスを怒らせ、のちの英蘭戦争の一因になります。

この事件をキッカケに俺は東南アジアや日本から撤退したんだ

※1 1651年、イギリスは航海法を定めてオランダを自分たちの貿易から締め出そうとしました。その翌年に第1次英蘭戦争が起きます。

※2 Dutch generosity（ケチ）、double Dutch（ちんぷんかんぷん）などなど。

「ニューヨーク」が火種になった第2次英蘭戦争

イギリスのオランダ締め出し政策が原因で始まった1652年の第1次英蘭戦争。第2次英蘭戦争は当時のイギリス国王の弟、ヨーク公ジェームズ（のちのジェームズ2世）が自分の借金の返済のためにアメリカ大陸にあるニューアムステルダムを狙ったことがキッカケになります。ニューアムステルダムはあっさり降伏し（※3）、ニューヨークに改名。この騒動に怒ったオランダがイギリスに宣戦布告したのでした。

↑オランダの別荘を奪ったイギリス。いろいろな騒動を通してアメリカも成長していきます。

↑オランダ商人は戦争で戦う相手とも商売をしたとか（もちろん批判する人もいました）。

フランスも加わった第3次。そして……

1670年、カトリック復帰をめざすイギリスの上司のチャールズ2世と、オランダの家が欲しいフランスの上司のルイ14世が手を組みます。こうして両国がオランダを攻めたのが第3次英蘭戦争。しかしオランダも上司の指揮のもとで粘り強く戦い、独立を守りました。なお、チャールズ2世のカトリック復帰は失敗に終わります。

コラム【オレンジ公ウィリアム（ウィリアム3世）】

第3次英蘭戦争の時代、オランダを守った英雄がオレンジ公ウィリアムです。彼は戦いのあと、野心まんまんのフランスのルイ14世からオランダを守るためにイギリスと仲良くなろうと考え、イギリスの上司の娘と結婚します。この結婚がきっかけで、のちに彼はイギリス国王ウィリアム3世になります（※4）。

ウィリアム3世

英蘭戦争は海での戦いが多くて、結果的にうちの海軍が強くなったぞ

うちはカトリックだったから、新教のオランダとは仲が悪かったんだよな

ウィリアム3世は俺とイギリスの両方の上司になったんやざ

※3 ニューアムステルダムは南北をイギリスの植民地に挟まれているうえ、オランダも他での商売に力を入れていたので、ニューアムステルダムの町の人々はイギリスの軍艦が現れると特に抵抗せず降伏しました。
※4 1688年の名誉革命。父・チャールズ2世と同じくカトリック復帰をめざしたジェームズ2世を排除すべく、イギリス議会がプロテスタントの国・オランダの総督であるウィリアムを迎えました。見放されたジェームズ2世はフランスへ亡命しました。

第2次百年戦争とアメリカと

（17世紀末〜19世紀初頭）

17世紀にそれぞれ国をまとめたイギリスとフランス。力をつけた2人はそれから百年以上、お互いを敵としてケンカします。その舞台にはむろん、アメリカも含まれました。

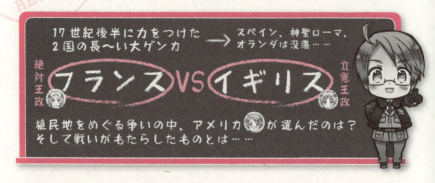

17世紀後半に力をつけた　→　スペイン、神聖ローマ、
2国の長〜い大ゲンカ　　　　オランダは没落……

絶対王政　フランス VS イギリス　立憲王政

植民地をめぐる争いの中、アメリカが選んだのは？
そして戦いがもたらしたものとは……

フランスの拡大にイギリスが対抗！

▶ 原作2巻
P97 参照

　17世紀、ヨーロッパいちの実力者だったフランス（※1）。特にルイ14世の時代になると、ヨーロッパの本宅やアメリカにある別荘を大きくしようと盛んに戦争を起こします。あちこちの国が巻き込まれましたが、イギリスはひたすらフランスの敵に回り続けました。この一連の戦いは第2次百年戦争と呼ばれています。

主な戦争一覧

【ヨーロッパ編】	【アメリカ大陸編】
プファルツ継承戦争 (1688〜1697)	ウィリアム王戦争 (1689〜1697)
スペイン継承戦争 (1701〜1713)	アン女王戦争 (1702〜1713)
オーストリア継承戦争 (1740〜1748)	ジョージ王戦争 (1744〜1748)
七年戦争 (1756〜1763)	フレンチ＝ インディアン戦争 (1754〜1763)
フランス革命 〜ナポレオン戦争 (1793〜1815)	アメリカ独立革命 (1775〜1783)

 この頃、フランスとは
インドでも戦ったぞ

←オーストリアたちの戦いにも首を突っ込んでケンカを繰り広げたイギリスとフランス。

※1 当時のフランスの人口はヨーロッパ最大でイギリスはその半分以下。また1618〜1648年の三十年戦争の結果、フランスはスペインやオーストリアより優位に立ちます。

フランスの別荘「ルイジアナ」

17世紀から18世紀にかけて、イギリスに負けじとフランスもアメリカに別荘を作りました。それがフランス領ルイジアナ。名前の由来は当時のフランスの上司、ルイ14世です。なお、右の地図を見ると広大ですが、これはフランスが領有権を主張した土地というだけ。ルイジアナ全体をフランスが開発していたわけではありません。

今のアメリカのルイジアナ州は、お兄さんの別荘から名前を取ったんだ

ルイジアナは短い間やったけど、俺の別荘になったこともあるで〜

コラム【太陽王ルイ14世】

フランス絶対王政の絶頂期に君臨した国王。太陽王と呼ばれるほどの権力をふるいました。ヴェルサイユ宮殿を建てた人物でもあります。妃のマリー・テレーズはスペイン国王カルロス2世の姉。

フランス領ルイジアナの位置

フランス領
ルイジアナ

イギリス、アメリカに選ばれる？

▶ 原作2巻 P98参照

↓アメリカの国としてのベースは"イギリスの弟"的になりましたが、フランスも大いに影響を与えました。

そんなこんなで17〜18世紀にアメリカ大陸でも張り合ったイギリスとフランス。そうした中で少しずつ現在のアメリカという国の基礎も育まれていきました。最終的には第2次百年戦争を経て優位に立ったイギリスが、フランスを抑えてアメリカの兄という立場に収まります。しかしアメリカの成長の速さにイギリスはまだ気づいていませんでした。

フランスの野郎に勝ってアメリカを弟にしたぜ！ ……金はなくなったが

ぐぐ、お兄さんもまだあきらめたわけじゃないぞ！ ……金はないけど

アメリカに飛び火したスペイン継承戦争
（1701〜1714）

スペインの新たな国王を誰にするかでヨーロッパ中がもめまくったのがスペイン継承戦争です。例によってヨーロッパの戦争はアメリカ大陸にも影響したのでした。

戦いの発端……スペイン王家に後継者がいない！

フランス　神聖ローマ　バイエルン（ドイツ）　サヴォイア（イタリア）　ポルトガル

各国が血縁を理由に立候補

ルイ14世の孫のフィリップに決定！

フランスがいろいろ有利に!?　イギリスらも反発

戦争へ……（ルイ14世のラストバトル）

スペインを狙ったフランス！

▶原作3巻　P64参照

スペインの上司、カルロス2世（※1）には子供がいませんでした。新上司に選ばれたのはフランスのルイ14世の孫、フィリップ（※2）。フランス王位継承権を捨てるのが条件でしたが、そこは反古にされました。しかもフィリップ（フェリペ5世）はさっそくフランスに便宜を図るように……。このままではまずいとイギリスやオーストリアが立ち上がり、スペイン継承戦争が始まります。

↑スペイン継承戦争でオーストリアは一時的にローマーノ（ナポリ王国）を手に入れますが、すぐ手放すことになります。

お兄さんの上司はスペインを欲しがっていたんだ♪

そんなことになったら俺の家がヤバい！　させねーぞ！

※1 スペイン・ハプスブルク家の最後の国王。フランス国王のルイ14世の妃と、オーストリア・ハプスブルク家の神聖ローマ皇帝レオポルト1世の皇后の弟。
※2 彼はフェリペ5世としてスペイン国王になります。現在まで続くスペイン・ブルボン家の始まりです。この時代、後継者がいない場合は別の国から新しい王を迎えることが珍しくありませんでした。

アメリカ大陸でもアン女王戦争が起きる

スペイン継承戦争と並行してアメリカ大陸でイギリスとフランスがケンカしたのがアン女王戦争。イギリスは現在のカナダにあったフランスの別荘の中心を狙いますが冬の海に艦隊を送ったりして大失敗。フランスはアメリカ東海岸北部のイギリスの別荘に手を出しますが、本家の予算不足で支援が得られずこちらも失敗に終わります。

↑アン女王戦争の頃のカナダはまだ英領ではなくフランスの別荘が置かれていました。

 アン女王はウィリアム3世（→P189）と結婚したメアリーの妹だ

アメリカ大陸の先住民族（インディアン）もたくさん戦ったんだ

 俺んところの別荘はこの戦いでボロボロになってもーた……

最後はグダグダに……最も得したのは!?

イギリスがゲットした土地

オーストリアはスペインの新上司にハプスブルク家のカールを推薦していました。が、彼の父や兄が戦争中に亡くなったため状況は急変。カールが神聖ローマ皇帝（※3）に即位し、今度はオーストリアとスペインがひとつになる恐れが！ 慌てて各国は条件（※4）つきでフェリペ5世がスペインを治めるのを認めます。こうしてフランスの野望が阻止され、各地で戦いを有利に進めていたイギリスは別荘を広げました。

 左の図の場所を手に入れた俺が、この戦争で一番得したことになるな

ジブラルタルは今でもイギリスの別荘で、もめ事のタネになっとるんや

※3 神聖ローマ皇帝カール6世。マリア・テレジアの父。
※4 スペインとフランスが永久にひとつにならないことが条件でした。

成立！プロイセン王国

（1701）

スペイン継承戦争にはドイツの兄のプロイセンもオーストリア側で参戦。その恩賞で公国から王国へとグレードアップしています。どんなやり取りがあったか見てみましょう。

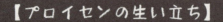

【プロイセンの生い立ち】

ドイツ騎士団領
↓
プロイセン公国
↓
プロイセン王国
↓
ドイツ帝国へ…

・中世ヨーロッパの国の違い

公国 …… 貴族が治める
∨
王国 …… 王が治める
∨
帝国 …… 皇帝（ローマ教皇公認）が治める

※帝政ロシアはローマ帝国とギリシャ正教の後継者として国を治めた

ハプスブルク家を応援して王国になったプロイセン

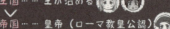

原作6巻 P66参照

　17世紀にポーランド＝リトアニアから独立したプロイセンでしたがこの頃は「公国」。上司は貴族でした。スペイン継承戦争でプロイセンの上司、フリードリヒ3世は

オーストリアのハプスブルク家を応援する代わり、神聖ローマ皇帝レオポルト1世から王と名乗ることを許され（※1）プロイセンは晴れて王国になります。

へへ、王国になるとやっぱり周りからの視線が違うんだよな！

ちなみにリヒテンシュタインは公（侯）国なのです

ホーエンツォレルン的な力ですごいパワーを手に入れた俺

一時期かなり地味になっちまっててドイツ諸国の中でも目立たない国だったが

←王国になったプロイセンは急速に国をまとめて軍を強化し、ヨーロッパでの存在感を増していきます。

※1　ヨーロッパでは、上司が王を名乗るには神聖ローマ皇帝かローマ教皇に認められる必要がありました。認められていない上司は「公」「大公」と呼ばれました。フリードリヒ3世はプロイセン王フリードリヒ1世となり、ホーエンツォレルン家のこまごまとした領地は彼のもとに統一されました。

プロイセンこぼれ話・聖エリーザベト教会

プロイセンの前身は十字軍の時代に結成されたドイツ騎士団。彼らはとても男らしい集団で、そんな彼らの男らしさが垣間見えるのがドイツのマールブルクにある聖エリーザベト教会です。この教会のステンドグラスはアダムを誘惑するイヴが男性として描かれています。プロイセンや弟のドイツがマッチョなのも何となく納得!?

↑騎士団はもともと巡礼者を守るために組織された修道士なので男性ばかりでした。

聖エリーザベト教会

聖エリーザベトはハンガリーの王女だった人よ

のちにオーストリアと戦うことに……

スペイン継承戦争では手を組んでフランスと戦ったプロイセンとオーストリア。しかし、18世紀半ばにオーストリアでマリア・テレジアをめぐる継承問題が起きるとプロイセンはオーストリアからシュレジェンを奪おうとします(→P210)。20世紀初頭に至るまでのプロイセン(ドイツ)とオーストリアの確執の始まりです。

ちなみに私はカトリックで、プロイセンはプロテスタントです

私が国として歩き始めるのは1719年。ちょうどこの時代なんですよ

当時のドイツ周辺地図

★プロイセン
★ポーランド
ドイツ
(約300の小国家が分立)
シュレジェン
★フランス
★オーストリア
★ハンガリー
★スイス

当時の英仏の流行をチェック！

（17〜18世紀）

ルネサンスや大航海時代、宗教改革などを経て、17世紀〜18世紀には急速に科学が発展しました。この時代にどのような発展があったのかをざっと紹介します。

科学 …… 宗教との分離が進み急速に発展。
イギリスのニュートンやボイル、
フランスのラボアジェなど。

武器 …… フランスで銃剣が発明。
銃もより撃ちやすく進化。

衣服 …… 流行の発信地はフランス宮廷。
のちにイギリスの影響も。

科学が大いに発展した17世紀

▶ 原作1巻
P49参照

コラム【アイザック・ニュートン】

17世紀のイギリスの科学者。リンゴが落ちるところを見て万有引力の法則を発見したことで有名です。古典力学の祖とも呼ばれ、近代科学文明への道を作った人物のひとりです。ちなみにオカルティストという一面もあり、真剣に錬金術の研究もしていました。

かつて、ヨーロッパでは科学と宗教は不可分なものでした。しかし次第に実験と観察を重視する（※1）ようになり、17世紀に科学は宗教と分離されて急速に発展します。この頃の代表的な科学者が地動説を唱えたイタリアのガリレオ・ガリレイや、万有引力の法則を発見したイギリスのニュートンなどです。この時代の科学の発展がのちの産業革命につながり、さらにはアメリカの独立の遠因ともなります。

↓イギリスがアメリカに贈った『プリンキピア』はニュートンの著作。内容はとても難解……。

ほら
お土産の
プリンキピア
（数学的原理）
だぞ〜〜〜〜

くたばれ
イギリス

※1 実験の結果から法則を導いていく帰納法を哲学者フランシス・ベーコン（1561〜1626）が唱えました。

かの三銃士も使ったマスケット

マスケット（※2）とは銃身の先から弾を込めるタイプの銃。17世紀前半のフランスで火縄の代わりに撃鉄の先端に取りつけた火打ち石で火花を起こして火薬に点火、弾丸を発射するフリントロック式のマスケットが発明されました。フランス王室を守る銃士（※3）や、赤い軍服で有名なイギリス軍が使うようになります。

「バンカーヒルの戦い」

↑アメリカ独立革命の戦いを描いた絵にもマスケットを持つ兵士が登場しています。

←アメリカの倉庫で眠っていたマスケット。射程距離が短いので、銃の先には防御用に銃剣がつけられました。

あるじゃないか！

古いけどいいマスケットだなこれは飾って……ん？

もっと掘り出し物はないか……っ

歴史で見るファッションリーダー変遷（へんせん）！

今でも俺の家の刑事裁判では裁判官や弁護士が白いかつらをつけるんだ

本物の白いかつらは高いから、昔は小麦粉をかけて白くしていたんだよ

16世紀のファッションリーダーは強国だったスペインですが、17世紀には貿易が得意なオランダが、さらに17世紀半ばになるとルイ14世のフランスがモードを牽引（けんいん）します。特に彼が流行させたのはかつら（※4）で、イギリスでも大流行！　ちなみに今と同じく、こうした流行を追うことは軽薄と批判されることもありました。

やあ坊や大丈夫かい？

16世紀にはコッドピース（股袋）が流行。ヘンリー8世（→P184）の肖像画で有名。

ほらやっぱりそういう格好の方が低身長だろ！

え〜意味わかんないこれは性別とか……

←18世紀にはヨーロッパ風のスリーピース・スーツがアメリカでも着られるように。

※2「マスケット」だけで銃の意味を含むので「マスケット銃」という呼び方は誤り。ちなみに日本に伝わった火縄銃もマスケットの一種。
※3 ルイ13世の時代に登場。フランスの文豪アレクサンドル・デュマの小説『三銃士』で有名。
※4 ルイ14世が豪華なかつらを愛用したのは背の低さで悩んでいたため。また、彼は脚を綺麗に見せるヒールつきの靴も好みました。

突撃！アメリカをめぐる食事事情
（17〜18世紀）

ここでは、アメリカの食文化の成り立ちについて紹介していきます。アメリカはトウモロコシやカボチャなど、食材はとても豊かだったのですが……？

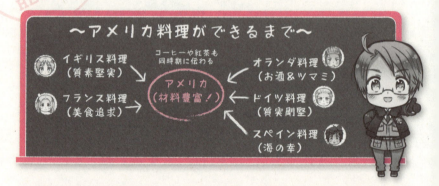

〜アメリカ料理ができるまで〜

イギリス料理（質素堅実）

フランス料理（美食追求）

コーヒーや紅茶も同時期に伝わる

アメリカ（材料豊富！）

オランダ料理（お酒＆ツマミ）

ドイツ料理（質実剛健）

スペイン料理（海の幸）

食にガンコだったイギリス

▶原作3巻 P35参照

あちこちの国の味が集まってできたアメリカの食ですが、中心となったのはやっぱりイギリス。しかしアメリカに別荘を作り始めたばかりの頃のイギリスは自分の家と同じ食事にこだわるあまり、海や森にある豊かな食材に気づかず苦労しました……。各国の食文化がアメリカで融合していくのは、もう少し先のことになります。

えっ あぁ!? ばっ 適当だな！ うまいに決まってるだろ

そうかこれがおいしいものなんだ

↑イタリアやフランスのような美食を楽しむという発想にイマイチ欠けていたイギリス。

牛はまだ労働力として貴重だった

コラム【ローストビーフ】

イギリスの得意な伝統料理、ローストビーフ。むろんイギリスはアメリカに牛を持ち込みましたが、植民初期は労働力としても使ったのでそうそうローストビーフにはできなかったようです。

何だ腹へってのか もうそろそろローストビーフ出来るからな

どうして豚肉はポークって牛肉はビーフっていうの？

ビックリだろ ひひひ

じゃあ これは……

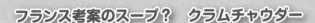

フランス考案のスープ？ クラムチャウダー

アメリカ北部のニューイングランドに漂着したフランス人漁師が考えたのがボストン名物のクラムチャウダー（※1）。クラムと呼ばれるアサリの仲間と野菜を煮て牛乳で仕上げるスープです。もともとニューイングランドの海岸ではクラムが山ほど取れたのですが、初期のイギリス移民にはそれを食べるという発想がありませんでした。

さあこっちにこい！
こっちには素晴らしい
フランス料理が毎日
お前を待ってるぞ！

↑17世紀のルイ14世の時代のフランスでは、現在のフランス料理の基礎が築かれました。

クラムチャウダー

↑アメリカの海の恵みとイギリスから持ち込まれた乳牛、そしてフランス人の知恵の結晶!?

紅茶やコーヒーも伝わった

17世紀にはオスマン帝国（トルコ）からコーヒーがヨーロッパに伝わり、各国でブームに！新しくできたコーヒーハウスやカフェは人々のコミュニケーションの場となりました。また、中国の紅茶を大量に手に入れられるようになったイギリス（※2）では、コーヒーから紅茶が大人気になります。アメリカもイギリスの弟だった頃はコーヒーより紅茶を多く飲んでいました。ところが……？

毎日決まった時間に紅茶を飲むのは紳士のたしなみじゃねえか

俺はコーヒー派だよ！

お前も紅茶飲んで落ち着けよ

↑18世紀のとある事件がもとで、アメリカはコーヒー派になります。

17世紀末には俺の家にもコーヒーハウスが開店したぞ

コーヒーで頭をすっきりさせて議論するのが流行したんだよな

お兄さんの上司もコーヒーにすごくハマッたぞ

※1 クラムチャウダーの起源には多くの説があり、クラムをスープの具にするのはアメリカ先住民族が教えたとも言われています。
※2 ヨーロッパに初めて紅茶を輸入したのはオランダです。

16世紀の宗教改革はヨーロッパ中をびっくりさせたんだ。発見されたばかりのアメリカ大陸に多くの人が渡った理由でもあったりするぞ。

宗教改革とその影響（16〜17世紀）

1513年、贖宥状がドイツで発売（ローマ教会の資金集め）

サン＝ピエトロ大聖堂の修理のためだったが……

神学者 ルター や カルヴァン が教会を批判

↓ 聖書をドイツ語訳
↓ 禁欲的な労働を奨励 → 宗教改革

三十年戦争（1618〜1648）へ

ドイツで始まった宗教改革

16世紀初頭、ローマ教会がお金を集めるために贖宥状（罪を免除する証明書）をドイツで大々的に売り出した（※1）のが宗教改革のキッカケ。ローマ教会のやり方に神学者のルターが異論を唱えたのです。あくまで学問的な異論だったのですが、教会に不満を持つ人々も乗っかり、最終的にはヨーロッパを二分するほどの騒動になったのでした……。

贖宥状を買ったから償いは終わりという人々を見てルターは疑問を持ったんだな

当時のドイツは「ローマの牝牛」と呼ばれるほどお金を搾りとられていたぞ……

コラム【ルターとカルヴァン】

宗教改革の口火を切ったルターの最大の功績は聖書をドイツ語訳したこと。それまで聖書はラテン語で書かれていて、一般人には読めませんでした。カルヴァンはより聖書中心主義者で、行いと関係なく神に救済される人は決まっているという予定説を提唱。救済の証は現世での仕事の成功（※2）と教え、商人や職人に人気でした。

ルター
←ルターは40代で結婚。牧師の結婚の伝統を作りました。

カルヴァン
←カルヴァンの教えは商業の発達した地域に広がりました。

※1 当時のフランスやイギリスは王の力が強くなりつつあり、ローマ教会はかつてほどお金を集めるのが容易ではなくなっていました。そこで目をつけられたのが、国がまとまっていないドイツでした。
※2 神が定めた仕事で成功してお金を貯めることを奨励しました。でも貯めたお金を使うことが目的ではないので、カルヴァン派の人々の暮らしは質素そのもの。ちなみにカトリックでは、お金を貯めるのは卑しいこととされていました。

宗教改革で花開いたオランダの絵画

17世紀にカルヴァン派の教えが広まった国のひとつが、貿易が絶好調だったオランダ。しかしカルヴァン派の教会は宗教画を飾らないため、カトリック教会向けの宗教画を描いていた画家たちは風景画や肖像画、人々の日常を切り取った絵を描くようになります。こうしてオランダの絵画は17世紀に黄金時代を迎えます。

フェルメールの『真珠の耳飾りの少女』

←『ターバンを巻いた少女』などとも呼ばれる作品。フェルメールはレンブラントと並ぶ17世紀のオランダ絵画の巨匠です。

 この時代のオランダの絵画は今でもよく美術館で特集されとるのぉ

オランダはあまり彫刻には興味がなかったんだって！

 「真珠の耳飾りの少女」は、もの言いたげな微妙な表情が美しいんだよな〜

三十年戦争　〜崩れ去る神聖ローマ〜

三十年戦争の勢力図
カトリック VS プロテスタント
神聖ローマ帝国の内戦

オーストリア　　スウェーデン
スペイン　ハンガリー　フランス　デンマーク

各国がどさくさに紛れて領土拡大を狙って参戦！

17世紀前半はオランダが元気だった時代ですが、反対に辛い目にあったのがドイツをゆるやかにまとめていた神聖ローマ。宗教改革の影響で起きた領内のプロテスタントとカトリックの争いに外国（※3）が手を出し、30年も続く大戦争になって神聖ローマとドイツはボロボロに……。アメリカへの移民には、荒廃したドイツから離れざるを得なかった人も多かったのです。

イタリア

二人で世界で一番強い国を作ろう

真剣に俺とローマ帝国にならないか？

←1648年の三十年戦争を決着させたウェストファリア条約で、実質的に神聖ローマは崩壊してしまいます。

※3 プロテスタントを守るという口実でデンマークやスウェーデン、フランスがドイツに侵入。カトリックで神聖ローマ皇帝を世襲しているハプスブルク家のオーストリアと対立しました。ちなみにカトリックのフランスはハプスブルク家をつぶそうとプロテスタント側を応援しました。

イギリス先生の特別授業

俺の家の紳士といえばジェントルマン。もともとは身分を表す言葉だったんだ。彼らがどのように俺の家で力をつけたのか、解説するぞ。

力をつけたジェントルマン（16世紀以降）

ジェントルマンってどんな人？
→ジェントリを含む支配階層の人々

☆近代イギリスの身分

支配階層（ジェントルマン）	貴族	── 全人口の約5%
	ジェントリ（地主）	
	平民	← 境界はあいまいだった

ジェントルマンが支えた17～18世紀のイギリス

現在では教養あるエリートというイメージのジェントルマン。貴族ではない地主層を総称するジェントリ（郷紳）が語源です。イギリスは中世の戦争で貴族が激減し、代わってジェントリが台頭しました。ジェントルマンは貴族とジェントリの総称でしたが、次第に定義がゆるくなっていきました（※1）。

まあ 俺は 伝統と歴史の紳士だからガキが騒ごうとどうでもいいけどな

ふーん 君のどこら辺が紳士だって言うんだよ

↑ジェントルマンには家柄だけでなく教養も必要とされたために、ジェントルマン＝紳士というイメージが生まれました。

ジェントルマンは俺の家の政治・経済・科学をリードしたぞ

今のイギリスで与えられる「騎士（ナイト）」は一代限りの準貴族なんだ

※1 本来のジェントルマンは貴族を含めた土地を持つ不労所得者でしたが、次第に政治家や医者などもそう呼ばれるようになります。

イギリス革命の立役者

ジェントルマン（ジェントリ）は宗教的にはイギリス国教会やカルヴァン派のプロテスタント・別名ピューリタン（→P205）が多く、エリザベス女王（→P185）の時代には政治的にも国を支える大きな勢力となりました。そして次の時代の王たちがカトリックの復興を目指すと激しく対立し、清教徒革命や名誉革命を起こしました。

17世紀のピューリタンの行動

国王が弾圧！

ピューリタン

【ジェントルマン層】
↓
清教徒革命
(1642)
名誉革命
(1688)

【中流の人々】
↓
アメリカへ
新天地を求める

 清教徒革命では俺の上司が処刑されたんだよな……

 うちの革命と違って、イギリスは王家が続いたんだ

 名誉革命では俺の上司がジェントルマンたちに呼ばれたんじゃ

ジェントルマンは田舎に土地を持つべし

プレナム宮殿と庭園

↑現代では世界遺産に指定されているブレナム宮殿。お屋敷と広大な庭園を持つことがジェントルマンの象徴になっていきます。

16世紀のイギリスの上司、ヘンリー8世（→P184）は宗教改革でカトリックの修道院から土地を取り上げ、それらの土地をお金のために売りに出しました。つまり、商売などで成功してお金があれば、土地を買ってジェントルマンに仲間入りできたのです（※2）。この道筋はのちの時代にも引き継がれ、イギリスでは成功すると田舎に土地を持つのがステイタスとなります。

 広い庭園を作るのが流行し始めたのは18世紀なんだ

 ブレナム宮殿はスペイン継承戦争（→P192）の時代に作られたんだぞ

 イギリスさんの家の庭園は、私の家でもとても人気ですよ

※2 土地を買えばジェントルマンになれるという流動性は中産階級の人々に希望を与え、イギリスではフランス革命のような貴族と平民の激しい対立は起きませんでした。

出発！メイフラワー号（1620）

1603 エリザベス1世、死去
ジェームズ1世が即位

↓

ピューリタン弾圧が始まる

↓

1620 分離派がメイフラワー号で
アメリカをめざすことに！

↓

1625 チャールズ1世が即位

俺の家にイギリス（アメリカ）から来た人々には宗教の自由を求めた人も多かったんだ。その草分けになったのが、メイフラワー号に乗った巡礼始祖（ピルグリムファーザーズ）だぞ。

新天地をめざした巡礼始祖（ピルグリムファーザーズ）

エリザベス1世の次に上司になったジェームズ1世は、イギリス国教会の首長としてカトリックとピューリタン（※1）の双方を取り締まるようになります。迫害に耐えかねた中産階級のピューリタン（※2）はアメリカ大陸への移住を決意。こうして1620年、彼らはメイフラワー号で旅立ち、苦労の末にプリマスにたどり着きます。

連中、アメリカをめざす前は俺の家に住もうとしたこともあったでの

彼らは信仰の自由を求めて移動したので巡礼（pilgrim）と呼ばれたんだ

アメリカ
ボストン
プリマス
目的地

メイフラワー号の航路
大西洋
イギリス →

← メイフラワー号は現在のニューヨークあたりを目指しましたが、嵐の影響でだいぶ北のプリマスに上陸することになりました。

※1 プロテスタントのカルヴァン派の人々。清教徒とも。イギリスでは国教会をpure（清純）にしようとしたのでピューリタンと呼ばれました。ちなみにカトリックはローマ教皇が第一なので、結局ジェームズ1世はどちらも弾圧したのでした。
※2 当時のピューリタンは植民地が軌道に乗り始めたアメリカ大陸で理想の社会を作ろうと考える中産階級が中心の分離派と、国教会を内側から改革しようとする上流階級（ジェントルマン層。→P202）を中心とした非分離派に分かれていました。

ニューイングランド植民地の成立

　予定よりだいぶ北のプリマスに流された巡礼始祖たちですが、何とか移住を開始します。こうして出来上がっていったのがニューイングランド植民地です。故郷のイギリスを離れた目的が宗教的なものだったので、お金儲けが目的の他の植民地と違い、このままアメリカに骨を埋める覚悟がある人々が集まりました。

ニューイングランド植民地

アメリカ

 プリマスのあたりの土地は無人だったんだよな

先住民族の人々が病気で全滅していたんだ……

 ヨーロッパからの伝染病に免疫がなかったと考えられている……

一方、イギリスでは清教徒（ピューリタン）が大爆発！

この頃の俺の家は、北のスコットランドとのもめ事も多かったんだ

お兄さんは三十年戦争をやってて、イギリスに手を出せなかったなー

　イギリスでは1625年にチャールズ1世が新しい上司に。彼は父のジェームズ1世以上にピューリタンを弾圧したので、さらに多くのピューリタンがアメリカへ移住しました。一方、イギリスに残ったピューリタンはワンマンな上司の振る舞いに耐えかねて1642年に清教徒革命を起こし、ついに上司の首をはねたのでした。

コラム【清教徒革命(1642〜1649)】

チャールズ1世と、上流階級のピューリタンの多い議会とが対立して内乱になった清教徒革命。王の処刑後は、ジェントリ出身で革命をリードしたクロムウェルがイギリスの上司になりました（※3）。ちなみに『失楽園』を書いたイギリス最大の詩人・ミルトンはクロムウェルの秘書でした。

クロムウェル

ミルトン

※3 独裁者だったクロムウェルの死後、反動で王政が復活しますが、またまた国王がカトリックに戻ろうとして議会と対立。1688年に名誉革命（→P189欄外）が起き、ウィリアム3世が新しい国王として迎えられました。これによってイギリスは落ち着きます。

アメリカの植民地とヌーヴェルフランス
（17〜18世紀）

【当時のアメリカ東海岸】

ヌーヴェルフランス
ニューイングランド
ニューヨーク
ヴァージニア
アパラチア山脈
スペイン領

北のニューイングランド、南のヴァージニア、そのふたつの間のニューヨーク。これらがそれぞれ分離して13の州になっていったんだよ。

完成したアメリカの原型

エリザベス女王の時代に植民を始め、たばこ農園で成功した南のヴァージニア（→P185）。ピューリタンが移住した北のニューイングランド（→P205）。第2次英蘭戦争でオランダから奪った中部にあるニューヨーク（→P189）。それぞれ成り立ちは違いますが、こうして17世紀後半にアメリカ大陸の東海岸は大きなイギリスの別荘としてつながります。

↓別荘が大きくなるにつれ、次第にイギリスとは違う〝アメリカ〟という存在が芽生えていきます。

うん大丈夫だよ最近だいぶ自分の事がわかったから

そ…そっか

えと俺もお前に会えて良かったお前成長早いんだな……

コラム【その頃、日本は……】

17世紀の日本はちょうど戦乱の時代が終わった頃にあたります。1603年には江戸幕府が成立。鎖国したために外国との付き合いはオランダと中国（清）のみになりましたが、その後は200年以上平和な時代が続きました。

ちょうど私が家に引きこもった頃ですね

うまくやっていた（？）ヌーヴェルフランス

一方、フランスもイギリスに負けじと内陸部で別荘作りに励んでいました。仏領ルイジアナ（→P191）～仏領カナダにかけての広い地域がそうで、ヌーヴェル（新しい）フランスと呼ばれます。ただし、フランスが「ここがうちの別荘！」と宣言しただけで、実際に人が移住した場所はごく一部。そのぶん先住民族との衝突も少なめでした。

ヌーヴェルフランス地図（最大時）

 お兄さんは先住民族との毛皮の取引が一番の目的だったんだ

毛皮の帽子がヨーロッパで流行していたそうだよ

 このあと、18世紀にはイギリスと大ゲンカを繰り広げるぞ

すったもんだの末に13植民地が設立！

13植民地図

アメリカ大陸東海岸の北部・中部・南部に出来上がったイギリスの別荘でしたが、移住する人々が増えるにつれて人種の違い（※1）や身分の違い、他の別荘を守るための緩衝地帯的な別荘（※2）などに分かれていきます。そうして最終的にできたのが13の別荘。これらの別荘が、のちに独立革命を経てアメリカの13の家になるのです。

 1732年にできたジョージアで13の別荘が出そろったんだ

 この頃はアメリカさんの家もあまり広くなかったんですね

①マサチューセッツ　　⑧デラウェア
②ニューハンプシャー　⑨メリーランド
③ニューヨーク　　　　⑩ヴァージニア
④ロードアイランド　　⑪ノースカロライナ
⑤コネチカット　　　　⑫サウスカロライナ
⑥ニュージャージー　　⑬ジョージア
⑦ペンシルベニア

※1 デラウェア植民地はイギリス系・オランダ系・スウェーデン系・フィンランド系など各国の人々が入り乱れていて統治が難しく、ペンシルベニア植民地から切り離されました。
※2 イギリスの植民地の最南にあるジョージアは、隣接するフランスやスペインへの防衛のために建設されました。

ヘタリア的 歴史こぼれ話 ❷

みんな親戚？　ヨーロッパ王室

ここに示した図は 16 〜 18世紀のヨーロッパの王室の大まかな関係。把握しておくとこの時代の出来事を整理するのに役立ちます。ポイントは神聖ローマ皇帝の家系であるオーストリアのハプスブルク家です。

※太線は王位・帝位の継承を表します。子や孫に継承することが多いですが血縁関係がない場合もあります。太線の間の波線は、表記してある王と王の間に別の王がいたことを表します。細線は主に兄弟姉妹、破線はその他の関係を示します。

▬▬▬	王位・帝位
───	血縁関係
- - -	政略関係

イギリス

ヘンリー8世
（在位1509〜1547）

━━━結婚━━━

キャサリン
（スペイン王女）

オーストリア
（神聖ローマ）

スペイン

エリザベス1世
（在位1558〜1603）

カール5世
（在位1519〜1556）

カルロス2世 断絶
（在位1665〜1700）

フェリペ5世
（在位1700〜1746）

ウィリアム3世
（在位1689〜1702）

レオポルト1世
（在位1658〜1705）

姉 **マルガリータ**　結婚

姉 **マリア**　結婚

孫

ルイ14世
（在位1643〜1715）

ジョージ3世
（在位1760〜1820）

カール6世
（在位1711〜1740）

フランス

ポンパドゥール夫人 愛人

ひ孫

ルイ15世
（在位1715〜1774）

フランツ1世　結婚
（在位1745〜1765）

娘

マリア・テレジア
（大公在位1740〜1780）

同盟

マリア・アントーニア
（マリー・アントワネット）

結婚

孫

ルイ16世
（在位1774〜1792）

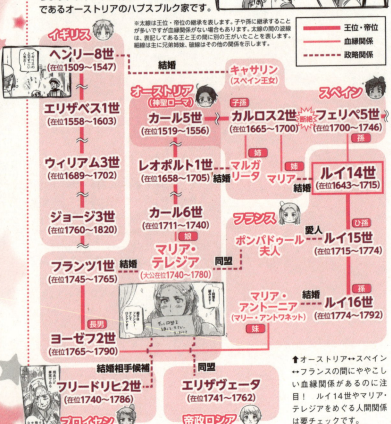

長男

ヨーゼフ2世
（在位1765〜1790）

妹

結婚相手候補

同盟

↑オーストリア↔スペイン↔フランスの間にややこしい血縁関係があるのに注目！　ルイ14世やマリア・テレジアをめぐる人間関係は要チェックです。

フリードリヒ2世
（在位1740〜1786）

プロイセン

エリザヴェータ
（在位1741〜1762）

帝政ロシア

第2章
18世紀
～兄と弟と独立革命～

ひとつの戦いの終わりは、次の戦いの始まり。
ヨーロッパの戦乱は否応なくアメリカを巻き込んで……？

オーストリア継承戦争
（1740〜1748）

1740年、オーストリアでマリア・テレジアが初めて女性の大公になることに。しかし、それを口実にプロイセンやフランスたちがちょっかいを出してきて!?

1740、オーストリアのカール6世（神聖ローマ皇帝）が逝去
娘の マリア・テレジア がハプスブルク家を継ぐことに

→ 各国がイチャモンをつけ始める

プロイセン……前から欲しかったシュレジェンを手に入れよう！

フランス……ハプスブルク家を叩くチャンス！

スペイン……上司（フェリペ5世）はフランス出身だし…

イギリスはフランス、スペインと敵対

マリア・テレジアの相続問題が大戦争に

原作1巻 ▶P109参照

オーストリアのハプスブルク家の神聖ローマ皇帝、カール6世（→P193）は男子に恵まれなかったので、長女のマリア・テレジアが後を継げるように周りの国に根回し（※1）していました。しかし1740年にカール6世が急死すると、各国は手のひらを返してオーストリアの土地やら王位やらを要求し始めます。かくて始まったのがオーストリア継承戦争でした。

↓23歳という若さでハプスブルク家の当主になったマリア・テレジア。とても聡明な女性でした。

コラム【マリア・テレジア】

18世紀中頃のオーストリアを支えた女性。彼女自身はオーストリア大公で、神聖ローマ皇帝は夫のフランツ1世でした（ちなみに初恋の相手）。自身が相続問題で苦労したためか、生涯で16回出産（うち10人が成人）。まさに肝っ玉母さんだったのです。

※1 カール6世はマリア・テレジアの子供（カール6世の孫）に男子が生まれることを期待していましたが、残念ながら男の子の孫の顔を見る前に亡くなりました。

シュレジェンを狙ったプロイセン

プロイセンはマリア・テレジアがハプスブルク家を相続するならシュレジェンをよこせと主張！ シュレジェンは鉄や石炭が取れる大事な場所なのです。1740年にプロイセンがシュレジェンに攻め込んだことから戦争が始まります。ハプスブルク家とは長年のライバルだったフランスや上司がフランス系だったスペインも参戦。オーストリアは大ピンチに!?

↑軍を強化していたプロイセンにとって、マリア・テレジアの相続は前から目をつけていたシュレジェンを奪う大チャンスだったのです。

コラム【フリードリヒ2世】

大王とも呼ばれた、この時代のプロイセンの優れた上司。マリア・テレジアとは結婚の話もありましたが宗教の相違（※2）で破談になりました。彼女と同じく1740年に即位。戦争だけでなく学問や芸術にも力を入れ、ジャガイモをプロイセンに広めたことでも有名です。コーヒー党。

オーストリアを支えた（？）イギリス

→フランス以外とは、あまり本気で戦う気のなかったイギリス。

イギリス：貴方の役に立ったなら後世まで語り継ごうと思います

←ハンガリーの援軍のがんばりのおかげで何とか侵略は止められました。

その後ハンガリーの援軍でオーストリアは反撃を開始します。

絶体絶命のオーストリアを助けたのがイギリス。フランスはイギリスのライバル、敵の敵は味方というわけです。ただし、イギリスはアメリカ（※3）やインドでフランスと殴り合うのを優先したので、オーストリアにはお金を出すのに留まりました。一方、マリア・テレジアじきじきに支援を訴えられて感動したハンガリー（※4）は大軍を派遣（ハンガリーには自治の保証や貴族の免税などを約束）。これらの助けでオーストリアは反撃に出ます。

俺が経済的に助けたおかげでオーストリアは持ちこたえたんだぞ

できたら、軍をもっと送ってもらえると助かったんですけどね

※2 ハプスブルク家は代々カトリックで、プロイセンはプロテスタント。
※3 アメリカ大陸ではジョージ王戦争が繰り広げられ、イギリスが優位でした。
※4 マリア・テレジアは乳飲み子だったヨーゼフ2世を抱いて自らハンガリー議会に乗り込み、涙ながらに訴えて貴族の心を動かしました。ただ、ヨーゼフ2世を抱いてというのは創作とも言われています。

イタリアやアメリカも戦いの舞台に…

(1744〜1748)

オーストリア継承戦争では、プロイセンとオーストリアのシュレジェンをめぐる戦い以外にもアメリカやイタリアでも戦いがありました。ここではそれらを解説します！

イタリアをめぐる戦い！ オーストリア＝スペイン戦争

原作1巻
P115参照

以前は上司が親戚同士だったスペインとオーストリアですが（※1）、18世紀のスペインはフランスの親戚。1744年、スペインはフランスとオーストリア継承戦争に参戦し、オーストリアが持っていた北イタリアのミラノを奪おうとします。しかしミラノの隣のサルデーニャ王国がオーストリアの味方をしたためあえなく失敗しました。

イタちゃあん……。オ、オーストリアと、幸せにな……！

サルデーニャ王国はのちのイタリア統一の中心になる国だよ〜

→ミラノは以前はスペインのものだったのですが、オーストリアから取り戻すことはできなかったのでした……。

※1 16世紀〜17世紀のスペインの上司はハプスブルク家の血筋でしたがカルロス2世で途絶えました。その後、スペイン継承戦争を経てフランスのブルボン家がスペイン王家になり現在に至ります。

主に (自分のために) アメリカで戦っていたイギリス

　ヨーロッパでオーストリア継承戦争が起きると、もともと悪いイギリスとフランスの仲がさらに悪化。互いの別荘があるアメリカでも険悪なムードになり、1744年にはジョージ王戦争が始まります。ジョージ王とは当時のイギリス上司のジョージ2世のこと。ちなみにフランスの上司はルイ15世。戦いの結果は引き分けでした。

コラム【ルイブール要塞】

フランスがカナダに作った要塞でフランス海軍の拠点。英語ではルイスバーグ。ジョージ王戦争でイギリスが占拠しましたが、戦後に返還されました。

 ルイブール要塞は今、僕の家の国定史跡なんだよ

 ジョージ王戦争も俺とフランスの第2次百年戦争（→P190）の一部なんだ

お兄さんはインドでもイギリスと戦って優勢だったぞ♪

 やかましい！　マドラスはあとで返す約束だぞ

一応の決着？　アーヘンの和約

やっぱ俺って頭いいよな〜！　欲しいものは手に入ったし

ちょっと負けかけたけど結果的には俺の勝ち

…ん、何だ？

↑念願のシュレジェンを手に入れたプロイセン。しかしこのまま終わるほどマリア・テレジアは甘くなくて!?

　まるでプロイセンたちのいじめだったオーストリア継承戦争ですが、マリア・テレジアの頑張りやイギリス、ハンガリーの協力でオーストリアは家をほぼ守り抜きました。そして1748年のアーヘンの和約でマリア・テレジアはハプスブルク家の当主として認められます。しかしシュレジェンは結局プロイセンに奪われました（※2）。

コラム【王宮の花火の音楽】

ヘンデル

　ドイツ出身でイギリスに帰化した作曲家、ヘンデルが作った『王宮の花火の音楽』はオーストリア継承戦争終結を祝う祝典用の曲。祝賀会として開催されたロンドンの花火大会で初めて演奏されましたが、花火大会は雨が降るわ火事になるわで大失敗だったとか。

※2 シュレジェンを手に入れたプロイセンは良かったのですが、スペインやフランスは結局ヨーロッパでも植民地でも何も手に入れられず骨折り損に終わりました。

マリア・テレジアの復讐！七年戦争
リベンジ
（1756～1763）

1756年、再びオーストリアとプロイセンが戦火を交えます。これが七年戦争です。しかし、オーストリア継承戦争とはずいぶん勢力が変わっていて!?

〈七年戦争の情勢〉

イギリス

イギリスはプロイセンを応援

プロイセン

ロシア

フランス

墺仏露でプロイセンをボコボコにしようとしたけれど!?

オーストリア

オマケ

たび重なる戦いでききんが発生
→救荒作物として
　ジャガイモが広まる

シュレジェン奪回をめざした戦い

▶原作4巻
P80参照

　マリア・テレジアの父親が話をつけてあったのに、彼女がオーストリアの上司になろうとすると手のひらを返して攻め込み、大切なシュレジェンを奪ったプロイセン。マリア・テレジアはリベンジを考えますが、さすがにひとりでは勝てない相手……。そこで彼女は大胆にもフランスとロシアと手を組むことにしたのでした（※1）。

やっぱりお兄さんが必要だったね！

お呼び頂いてありがとう！僕うれしいよ！

♪➡フランスたちもプロイセンが強くなりすぎるのは困るのでオーストリアと手を組むことに。

私は本当にフランスが嫌いだったんですけどね

…同盟を組みます！

相手はフランス・ロシアです！

私と同盟を組んでください、オーストリア

※1 フランスとオーストリアは15世紀からのライバルでした。

女はコワイ!? 外交革命 〜3枚のペチコート〜

イギリスを切って（※2）フランス、ロシアと組んだマリア・テレジアの思い切った方針は外交革命と呼ばれました。当時のフランス上司はルイ15世でしたが、実際に力を持っていたのは彼の愛人のポンパドゥール夫人。また、ロシアの上司は女帝エリザヴェータ。女性3人が手を結んでプロイセンを包囲したので、「3枚のペチコート作戦」と呼ばれました。

ポンパドゥール夫人は美人で頭が良かったんだ……金遣いもすごく荒かったけど

俺はもちろん、七年戦争ではプロイセンに手を貸したぞ（※3）

※貴方の上司のせいです

どういうイカサマ使ったらそうなるんだよ！

オーストリアが嫌いなフランスとロシアと同盟組んだだと!?

← プロイセン上司のフリードリヒ2世は女嫌い。それがポンパドゥール夫人らの反感を買ったという説も。

七年戦争＝ジャガイモ戦争？

▶ 原作4巻
▶ P81参照

オーストリアたちの包囲で本気で危なかったプロイセン。しかし女帝エリザヴェータの急死でロシアが抜け、フランスは植民地での戦いに気を取られたため（→P216）プロイセンは耐え抜きました（※4）。

なお、この戦いにはスウェーデンも反プロイセン陣営で参加しており、プロイセンからジャガイモを持ち帰って家に広めました。そのため、スウェーデンでは七年戦争をジャガイモ戦争とも呼んでいます。

←↓わざと隠して、人々にジャガイモへの興味を向けさせたプロイセンのフリードリヒ2世。さすが策士……。

プロイセン体にいいからジャガイモ食べなさい

わしらのからない物は食えねーよ！

そうかじゃああ私だけで食べてしまおうその芋をよこせええええ

うわおお君にはやらん

領土は得られんかった……がジャガイモは俺の家で人気になったけど

ジャガイモは俺の親父自ら食べていたぞ

私もプロイセンからシュレジェンを取り返せなかったのは残念です

※2 海の向こうにいるためお金は出しても軍はなかなか出さないイギリスはあてにできないと思われたようです。
※3 例によってイギリスは植民地でフランスとケンカしていたので、プロイセンへの援助はお金がメイン。結局、ヨーロッパの戦いでプロイセンはひとりでした。
※4 シュレジェンを守ったプロイセンはヨーロッパでの地位が向上。しかしこれ以上戦うのはキツかったのか、マリア・テレジアの息子のヨーゼフ2世の神聖ローマ皇帝就任には素直に賛成してオーストリアの面子を立てました。

フレンチ=インディアン戦争

（1754〜1763）

七年戦争ではプロイセン側についた……というかフランスの敵に回ったイギリス。一方、アメリカでもイギリスとフランスの最後の大ゲンカが始まっていました。

【主な英仏激突地】

五大湖　ケベック　大西洋　ヨーロッパ　海に出られない！

ミシシッピ川　オハイオ　海は俺のテリトリー！　アフリカ

アメリカでの英仏最後の決戦！

▶原作2巻 P99参照

オーストリアがプロイセンを包囲していた頃、アメリカ大陸ではイギリスがフランスとバチバチしていました。海沿いから西に別荘を広げたいイギリスにとって、内陸に大きな別荘を持つフランス（→P207）は邪魔。こうして1754年に始まったのが、フレンチ=インディアン戦争（※1）です。最初はフランスが優勢でしたが、イギリスに大西洋を押さえられて本国から補給を送れず敗北。1763年のパリ条約でイギリスがアメリカの兄という立場を固めました。

↓勝ったイギリスはカナダとミシシッピ川より東のフランスの別荘を手に入れました。

こうして俺はなんとフランスを撃退してこいつの兄貴（→）になることができた

お……おい　寝たのか？

コラム【ジョージ・ワシントン】

アメリカの初代大統領で、この頃はヴァージニア植民地軍の大佐。彼の部隊がフランスの調査隊に奇襲をかけ、その後にオハイオでフランス軍に敗れたことがきっかけとなってフレンチ=インディアン戦争が勃発。結果的にアメリカやカナダも七年戦争の戦場のひとつになりました。

※1 フランスの別荘はイギリスより人口が少なく先住民族との衝突は少なめ。この戦いでフランスは先住民族を仲間にして
216 戦ったため、この名前で呼ばれています。なお、イギリス側で戦った先住民族もいました。

戦闘時間30分？ アブラハム平原の戦い

▶原作6巻 P52参照

1759年、フレンチ＝インディアン戦争の山場となったのがアブラハム平原の戦い。フランスの別荘の大切な場所だったカナダのケベックをイギリスが狙いました。本格的な戦いはすぐ終わりましたが、そこに至るまでの両軍のにらみ合いは約3ヶ月！　この戦いでケベックが陥落し、フランスはカナダを手放します。なお、多くのフランス人はそのままカナダに残り、イギリスに従いました（※2）。

↓戦闘は短時間でしたが、この戦いで両軍の司令官が負傷し亡くなっています……。

 フレンチ＝インディアン戦争以降、僕の家はイギリスの別荘になったんだよ

カナダ……（涙）。でもお兄さんの影響はカナダやアメリカに残っているぞ〜！

（一応）戦いは終わったけれど……

パリ条約後のイギリス領
カナダGET！
五大湖
ミシシッピ川
ミシシッピ川以東＆フロリダGET！

フレンチ＝インディアン戦争でアメリカ大陸でのイギリスとフランスの争いは決着しました。ですが、イギリスもフランスも派手な借金を抱えることに……。2人はここ百年で何度もアメリカやインドで戦い、オーストリアやプロイセンたちのケンカにも手を貸したりしたのですから当然です。この資金難がのちのアメリカ独立革命やフランス革命につながっていきます。

↓戦いには勝ったイギリス。しかし、それでめでたしとはならないのでした……。

財政難

※2 フランスの別荘はカナダとミシシッピ川以東がイギリスに、ミシシッピ川以西はスペインのものになりました。カナダ東部のアカディア地方のフランス人はイギリスに従わず追放され、スペインの別荘となったミシシッピ川の河口あたりに移住しました。彼らはケイジャンと呼ばれ、アメリカ南部で独特な文化を築きました。

イギリス、アメリカに勉強を教える?
(17〜18世紀)

フレンチ=インディアン戦争を経て、何とかアメリカを弟にすることができたイギリス。こ
こからはイギリスとアメリカのふれ合いについてを紹介します!

清教徒(新教)は聖書が拠りどころだった

↓

聖書が読めねばならない

↓

字が読める人が多かった

ファッションは
フランスが最先端。
モード雑誌も
この時期に登場!

• 1733年には格言入り日めくりカレンダー
「貧しいリチャードの暦」が大ヒット!

17世紀はわりと放任主義でした……

原作3巻
▶ P34参照

17世紀以降、イギリスから本格的にアメリカの別荘へ移住するピューリタンが増えたのはこれまで説明した通り(→P204)。彼らの多くは理想の新天地を求めて家族で海を渡ったので、アメリカにしっかり根を下ろしていきます(※1)。一方、本国のイギリスはオランダやフランスとのケンカやら、清教徒革命やらで17世紀は大わらわ! アメリカに対してはわりと自由を認める、ゆるい支配を行っていました。

↓仲睦まじいイギリスとアメリカ。たまに会うくらいの、ゆるい関係が良かったのかも……。

あ…ああ
元気だったか?
ごめんな なかなか
来れなくて

いいよ!
こうして
来てくれた
だけでも
うれしいぞ!

 この頃忙しくてあんまり世話してやれなかったんだよな……

寂しかったけど、のびのびさせてもらったのは良かったぞ

※1 ピューリタンが渡った北部に比べ、それより早く植民が始まっていた南部では黒人奴隷を使った大農園が築かれており、
218 同じアメリカでも雰囲気も文化も違いました。しかし、自主独立の精神は北部の人々と同じだったようです。

新聞や大学も早い時期に登場！

ピューリタンは聖書の教えを大切にする人々だったので、字が読めるということがとても重要でした。なので1642年には公立学校（※2）に関する法律が作られています。1638年には印刷所もできていました。新聞も1690年に登場しましたが、こちらはイギリスによってすぐ廃刊に。

あ

よう！イギリス！

← 成長が早く、どんどん大きくなっていくアメリカにあぜんとするイギリスですが……。

 学校に新聞……早いうちからアメリカの文化が生まれてたんだな

 1636年には、俺の家で一番古いハーバード大学ができたんだ

 印刷は15世紀に俺の兄たちの家で発達して宗教改革につながったぞ

ファッションはフランスがお手本だった

 男性の服は18世紀になると次第に落ち着いたデザインになっていったんだ

 18世紀にはイギリスで綿織物が流行したから、俺の家の南では綿花畑がたくさん作られたぞ

イギリスにベタベタ構われなかったためか自由に育ったアメリカですが、一方で服に関してはフランスの最先端モードが憧れでした。18世紀のフランスの宮廷では、女性がドレスをパニエ（※3）で広げたり、胸元（デコルテ）を見せたり（※4）と、とても華やかに。アメリカにもこれらの情報は伝わり、庶民の女性はパニエがわりに丸めた新聞紙をスカートに入れて広げようとしたとか。

【パニエを使ったドレス】

←最初は円形だったパニエですが、次第に左右に長いデザインに。

【大きく開いた胸元】

←バストはコルセットを使って高い位置にキープしました。

【アップにした髪】

←髪を高く結うのはルイ15世の愛人、ポンパドゥール夫人が元祖。

※2 ピューリタンの教えに関する学校で、やはり目的は聖書を読めるようにすることでした。
※3 スカートをふくらませるためにはく木や腰、鯨のひげでできた下着（アンダースカート）。パニエは鳥かごという意味。
※4 乳房が見えそうなほど大きく胸元を開けました。襟でかっちりガードしていたメアリ1世やエリザベス1世（→P185）とは対照的です。

イギリス、アメリカに料理を教える!?

(17〜18世紀)

味オンチなことに定評のあるイギリスが教えただけあって、アメリカの料理の腕はいまひとつ？ しかし豊富な材料を使った美味しい料理もちゃんとありました。

イギリスから移住した
清教徒(ピューリタン)は質素倹約を重視
↓
美食とは縁がなかった……

※アメリカ大陸の食材は豊富！
トウモロコシ
豆
カエデ
カボチャ etc

イギリスの流儀をアメリカでアレンジ！

▶原作3巻 P35参照

食に関してはとても保守的なのがイギリス。特に北部に移住したピューリタンは聖書の教えが厳格なので食生活でも妥協しなかったのですが、先住民族に教わってアメリカ原産のトウモロコシや豆を育てるようになり、豊かな農村を作っていきます。これらアメリカ独自の食材と、イギリスから持ち込まれた野菜や乳牛が組み合わさったものがアメリカの食文化の中心になっていきます。

↓ベースとなる料理を教えたのが味オンチのイギリスだったので、アメリカも味覚に関しては……。

わー嬉しいな
イギリスの
作った料理
久しぶりだよ

んっ いつも
こうやって
作ってやれれば
いいんだけどな

 なかにはアメリカで生まれて俺の家に伝わった料理もあるんだ

南部ではまた別の食文化が発展したんだぞ（※1）

当時のアメリカ料理をちょっぴり紹介！

ローストターキー

1621年にピルグリム・ファーザーズ（→P204）と先住民族が開いた感謝祭のメイン料理。材料はアメリカ原産の七面鳥。ちなみに「ターキー」はトルコという意味。フランス語では「ダンド」と呼ばれ、こちらはインドという意味。とにかくヨーロッパの人には見慣れない鳥だったようです。

→現在でも、アメリカやカナダの感謝祭のメイン料理として食べられています。

ローストターキーの美味しさにはお兄さんも感心したぞ〜

ベイクドビーンズ

ボストン生まれの甘い豆料理。キリスト教の安息日（土曜の日暮れから日曜の夜まで働いてはならない）を忠実に守るために考えられた料理で、土曜の明るいうちに材料を厚鍋に入れて火にかけ、夜や日曜の朝に食べるというワケです。のちにイギリスにも伝わり、大人気になりました。

←材料は豆に豚の塩漬け肉、タマネギなど。石釜でじっくり蒸し焼きにします。

ベイクドビーンズは、今では俺の家の朝食の定番だな

アップルパイ

エリザベス1世（→P185）の時代にイギリスのデザートとして登場したと言われるアップルパイ。もともとアメリカにりんごは自生していませんでしたが、イギリスなどから苗木が持ち込まれました。ジョニー・アップルシードはりんごの種をアメリカ各地に植えた開拓者として有名です。

←美食が禁じられた清教徒革命の時代のイギリスではアップルパイも禁止になったとか。

俺やオーストリア、フランスもりんごのスイーツは大好きだ

メープルシュガー

先住民族から伝わった、カエデの樹液を長い時間をかけて煮詰めた甘味。ベイクド・ビーンズなどの調味料として使われました。サトウキビから作る砂糖は古くからありましたが、17世紀にはまだ高価（※2）でした。アメリカで普通に砂糖を使えるようになったのは18世紀以降です。

←カナダの好きなメープルシロップを煮詰めたもの。シロップより古くからあります。

※2 1662年、イギリスのチャールズ2世にポルトガル王女のキャサリンが嫁いだとき、彼女が持参したもののひとつがポルトガル領ブラジル産の砂糖。当時は銀と同じくらいの価値だったとか。

イギリス、アメリカに課税する

（18世紀）

イギリスに見守られながら、急速に大きくなっていくアメリカ。しかし18世紀にフランスを追い出したことから、イギリスとアメリカの関係はぎくしゃくし始めて……？

フレンチ＝インディアン戦争で
フランスをアメリカ大陸から追い出した！
↓
気づいたら金欠に……
↓
資金回収のためにアメリカに課税
お前も大きくなったしな！
↓
アメリカが反発し!?

貧乏になったイギリス

▶ 原作2巻 P99参照

　フレンチ＝インディアン戦争（→P216）に勝って、アメリカをはっきりと自分の弟にしたイギリス。しかし度重なる戦いで、イギリスの財布はすっからかんに……。それまでイギリスの上司はアメリカに甘かったのですが（※1）、同じくアメリカを弟にしようとしていたフランスがいなくなったことで態度を変えることにします。兄のイギリスが相手でも、急に締めつけられればアメリカが怒るのも当然で……？

↓支え合おうと考えるイギリスですが、結局、アメリカにもお金を出してもらおうという結論に……。

これからこいつと二人
支え合って生きて行こう

フランスのせいで
金はないが
なんとかしてやる…

イギリス～、いきなり態度を変えるなんて冷たいよな～？

う、うるさい！　お前だってビンボーさでは人のこと言えなかったろ！

※1 あまり厳しくすると植民地の人々がフランス側についてしまう恐れがあったため。しかしフランスがいなくなると甘く扱う必要がなくなりました。

砂糖やペンキ、紅茶にも課税され……

▶原作1巻 P49参照

戦争で大赤字になったイギリスはアメリカから税金をがっぽり取ろうとします。そもそもアメリカの世話にもお金がかかるのです……。そうして砂糖や印紙に税金がか

けられました。印紙税はすぐ取り下げられましたが、さらに紅茶やペンキ、紙などの日用品にも税金がかけられ、アメリカは「くたばれイギリス！」と怒り始めます。

↓一方的に増税されて怒ったアメリカは、イギリス製品の不買運動で対抗しました。

ペンキ税と新聞税が増えるよ！

やったね！くたばれイギリス

コラム【特に嫌われた印紙税】

印紙税を発明したのはオランダ。そのときの目的はスペインから独立する際の戦費集めでした。アメリカの別荘では1765年に新聞や雑誌、各種許可証、トランプなどにイギリス政府が発行する収入印紙を貼ることを義務づけられます。アメリカでは金額以上に、自分たちの生活に政府が深く干渉してくるのが嫌われ、翌年撤回されました。

「代表なくして課税なし」！

印紙税騒動のとき、ヴァージニアのパトリック・ヘンリーが唱えたのが「代表なくして課税なし」。イギリスが勝手に決めた税金を払う必要はないという意味です（※2）。一方、イギリスもこれまで世話をしてきたのだから、少しは金を払え（※3）と考えるのは当然で……イギリスとアメリカのすれ違いはどんどん広がるのでした。

```
┌──────────────────┐
│  アメリカの代議士  │
└──────────────────┘
         ✕   参加できない
         ↓   仕組みだった
┌──────────────────┐
│    イギリス議会    │
└──────────────────┘
```

 税金の押しつけ反対！　くたばれイギリスー！

何だとアメリカのやつ！　昔はもっと可愛かったのに！

 ……やっぱりお兄さんが世話してたほうが良かったんじゃ？

※2 税制を決めるイギリス本国の議会に、アメリカの植民地から選ばれた議員はいませんでした。
※3 アメリカに移住した人だって大変な苦労をして今の地位を築いたわけで、そう言われて納得できるはずもないのでした。

イギリス、カナダの世話もする

（18世紀）

フレンチ＝インディアン戦争で、アメリカだけでなくカナダも弟にしたイギリス。アメリカとは違う道を歩んできたカナダの幼少期を紹介します。

【カナダさんをめぐる人間関係】

1763. フレンチ＝インディアン戦争に勝ったイギリスがフランスからカナダをゲット！

 新しい弟 → ← 仲間？

↓ 昔、世話をした

フランスからイギリスの弟になったカナダ

▶原作2巻 P109参照

カナダに最初に別荘を作ったのはフランス。カナダの語源は先住民族の言葉の「カナタ」です。「村」という意味で、フランスの探検家は地名とカン違いしたのでした。その後のカナダは現在のケベックを中心に発展しますが、フレンチ＝インディアン戦争に敗れたフランスに手放され（※1）、イギリスの弟に落ち着きます。

というわけでカナダ。今日からお前も俺の弟だ。よろしくな！

イギリスが嫌だった人は南にあるスペインの別荘へ移動したんだよ

おいカナダ 今日はお前の兄弟に会わせてやるぜ！

昔は結構みんなからちやほやされてたのに…

←カナダで取れる毛皮はとても良質で、王侯貴族にも大人気（※2）！ ちやほやされたカナダでした。

※1 当時のカナダで有力なのが毛皮産業でしたが、フランスは砂糖などが取れる他の別荘の確保を優先しました。
※2 18世紀後半にはトレンドが変わって毛皮の人気が落ちたため、以前ほどの人気はなくなりました。

ありのままのカナダで

▶ 原作6巻 P53参照

カナダに住む人々はフランスからの移民がほとんど。宗教もカトリックでした。イギリス流と違うからといってカナダを頭から押さえつけても反抗されるだけ。というわけでイギリスは、カナダはそのままでいいと認めます（※3）。しかし、ちょうどイギリスと仲がこじれていたアメリカはカナダへのえこひいきと感じるというオマケが付きました。

カナダを優遇したために、俺の家の側では不満を持つ人も現れてしまったんだな

イギリスもこの頃はいろいろと頭が痛かっただろうね……

わっ 分かった 飯だな 二人とも！

← わりとていねいに扱われたためか、主張の激しいアメリカよりも控えめだったカナダなのでした。

フランスの影響とカナダの気苦労

イギリスからフランスっぽさが残ることを認めてもらったカナダ。このため、すぐあとに起きるアメリカ独立革命でアメリカから誘われても、カナダはイギリスの家に残ることを選びます。

ちなみに現在のカナダは英語とフランス語が公用語ですが、ケベック州の公用語は今でもフランス語だけ。そうしたフランスの名残りの強さのため、20世紀にはケベックの独立運動が起きたりもしました。

うわあああああ モンリオールだけには勘弁… 夢かあ夢で本当に良かったぁ

こうしてこの騒ぎは発展しまくって新しい国ケベック君ができました。

↑1995年にはケベック州がカナダから独立するかどうかの住民投票を行ったことも。このときは否決されました。

ベンジャミン・フランクリンがかぶっていた毛皮帽

↑独立革命でフランスに援軍を頼みに行ったアメリカ人のフランクリン。毛皮帽はカナダの毛皮でフランスが大儲けしていた時代を思い出させる小道具でした。

※3 1774年に可決されたケベック法。ケベック植民地に住む人々にカトリックを信仰する自由を認めました。この法律によってイギリスはケベックの人々の忠誠をゲットしました。

ボストン茶会事件
(1773)

アメリカから印紙税を取ろうとして大失敗したイギリス。そこで今度は紅茶に税金をかけることにします。しかし、これが思わぬ騒動を引き起こすことになってしまい!?

【ボストン茶会事件のあらまし】

イギリス、アメリカに課税。アメリカ反発
↓
イギリス製品不買運動（※紅茶を除く）
↓
イギリス、アメリカに安い紅茶を売ることをもくろむ
　　　　　　　　　　　　　　└───→ イギリス、税収確保
↓
イギリスを嫌う急進派、
ボストン港に輸入された紅茶を大量廃棄！

紅茶の恨みは怖い!? イギリスとアメリカ、一触即発！

イギリスから紙やガラスに税金をかけられ、不買運動で対抗したアメリカ。しかしそこはイギリスの弟、紅茶だけは我慢できませんでした。それを見越して、イギリスも他は取り下げても紅茶への税金は死守。しかもイギリスは、アメリカへの紅茶を自分の家の会社で独占販売し始めます。こんな状況で、ボストンの港で船から342箱の紅茶が海に捨てられるという騒動が発生！　これが世に言うボストン茶会事件です。

↓先住民族に変装した暴徒が、ボストン港をティーポットにすると叫びながら紅茶を海に捨てました。

 イギリスの紅茶はとても安かったんだけど、それを買ったらイギリスの思うツボだったからね……（※1）

 こ、紅茶を捨てるとは……。アメリカ、こればかりは許さんぞー！

イギリスからの紅茶は安かった？

▶ 原作3巻 P36参照

当時のアメリカで売られていた紅茶（※2）はオランダ産とイギリス産。茶税のぶんだけイギリス産のほうが高くなったため、オランダ産紅茶が人気になります。これはマズイとイギリスは自分のところの東インド会社に独占販売させ、価格を抑えることにします（下の図を参照）。しかしオランダの紅茶を扱っていたアメリカの商人には、もちろん大損害。イギリスの強引なやり方はあちこちで反感を招いたのでした。

↓アメリカへの紅茶の独占販売は、経営が苦しかった東インド会社を救うという意味合いもありました。

その後。

ズルズル

や 約束通り
また来たぞ
お前の好きな
紅茶持って…

原価	茶税		イギリス茶（東インド会社が独占販売） オランダ茶の半額！
原価	オランダ関税	商人の利益	オランダ茶

薄いコーヒーはこの頃に誕生？

コーヒーに税をかけた
プロイセンの
フリードリヒ2世

↓彼はプロイセンのお金が外国に一方的に流れるのを防ぐため、コーヒー消費を抑えようとしました。

イギリス！

イギリスがお前の味方になるそうだ

俺はフランスの味方だ

この頃、アメリカで紅茶の代わりにコーヒーを飲もうという動きがありました。しかしコーヒーは紅茶よりも高かったので、薄めて飲んだのがアメリカン・コーヒーの始まりだとか？

なお、プロイセンでも18世紀にコーヒーに高い関税がかけられ、薄〜いコーヒー（※3）が流行したことが……。皆、考えることは同じ!?

俺の家の水が、浅煎りのコーヒー豆で薄く淹れるほうが向いていたという説もあるぞ

兄さんの家では代用コーヒーの研究も盛んになったんだ

※2 イギリスもオランダも中国から紅茶を買っていました。
※3 この頃、カップの底に花模様を描くのが流行していました。この模様が見えるほど薄いコーヒーということで、ついた名前が「小花コーヒー」。

ついに始まったアメリカ独立革命 その①

(1775〜1783)

1773年に暴徒が起こしたボストン茶会事件でカンカンになったイギリス。一方、アメリカもイギリスの報復に反発します。そしてついに運命の銃弾が放たれます。

> 1775.4.19　レキシントン・コンコードの戦い
> 　　　　　　　→アメリカWIN！
>
> 1775.4.19〜1776.3.17　ボストン包囲戦
> 　　　　　　　　　　　→アメリカWIN！
>
> 1775.8.23　ジョージ3世の「国王宣言」
> 　　　　　　　→アメリカ結束
>
> 1776.7.4　アメリカ独立宣言

戦争の始まり 〜レキシントン・コンコードの戦い、ボストン包囲戦〜

ボストン茶会事件後、イギリスは紅茶の賠償請求やボストン港の封鎖など報復を開始。どんどんアメリカとイギリスの仲は険悪に……。しかもアメリカがいざというときのため武器を集めていたのがばれ、イギリスの上司が激怒！　イギリスにお仕置きを命じます。こうしてレキシントン村（※1）でついにイギリスとアメリカが対峙。独立革命の火ぶたが切って落とされました。

 レキシントン村で最初に銃を撃ったのが俺だったかイギリスだったかは、今だに謎なんだ

この当時、俺の家の兵隊は赤い服を着てたんでレッドコートと呼ばれたぞ

 レキシントン村の戦いのあとのコンコードの戦いで俺はイギリスをやっつけたんだ。でも……

※1 ボストンの北西にあるコンコード村に武器が集められており、そこに向かったイギリス軍は途中のレキシントン村でアメリカの民兵に遭遇しました。ここではイギリス軍が勝ちましたが、続いてのコンコードの戦いでは惨敗しました。

イギリス上司、ジョージ3世の激怒！

コンコードで敗れたイギリス軍はボストンへ逃げ込んで守りを固め、ボストン包囲戦が始まります。一方、アメリカはイギリスに仲直りも申し込みます（※2）が、かえってイギリスの上司を怒らせて反逆者と言い切られてしまいます。もし独立に失敗したら、国家反逆罪で四つ裂きの刑……。アメリカもあとへ退けなくなったのでした。

> 「アメリカは反逆状態にある！」
> ↓
> 国家反逆罪、適用？
> ↓
> 四つ裂きの刑、確定!?

 ねーねーイギリス、四つ裂きの刑ってどんな刑なの？

えーとだな、死なない程度に首をつってから内蔵をえぐって首をはねて両手両足を……

 もういいよ～……。アメリカも戦うしかなくなるわけだね……

アメリカ、独立を宣言する

▶原作1巻 P76参照

独立宣言前文の有名フレーズ
all men are created equal...
「すべての人々は
　　　　平等に作られて……」

 福沢諭吉の「学問のすすめ」の冒頭はこれが元ネタなんですね

ボストン包囲戦でイギリスを負かし（※3）、アメリカは改めてイギリスとの戦いを決意します。そのためには外国の味方が必要。しかし兄弟ゲンカと思われているうちは他国は手を出しません。そこでアメリカは、イギリスとは縁を切るという内容の独立宣言を出すことに。左の前文が有名ですが、本文ではイギリスの上司（※4）がいかにひどいかを延々と書いています。

もう子供でもないし君の弟でもない　俺から独立する

なあイギリス　やっぱり俺自由を選ぶよ

←アメリカから縁を切ると宣言されたイギリス。しかし、このまますんなり独立させるわけには!?

※2 13植民地の人々の全員が独立を望んでいたわけではなく、イギリスに忠誠を誓っていた人々や、あまり関心がなかった人々もいました。
※3 弾の入っていない大砲をずらりと並べて威嚇し、ボストンからイギリス軍を撤退させました。
※4 当時のイギリスの国王、ジョージ3世への文句が並べています。ものすごく単純に言うと独立宣言は、人間は平等なのにイギリスの上司がひどいことばかりするから独立するよ！……という内容。

イギリスの逆襲！アメリカ独立革命 その②
(1775〜1783)

アメリカ独立革命の序盤ではいいところなく敗れたイギリス。しかし、戦いが長引くにつれて勢いを取り戻していきます。アメリカは大ピンチになりますが!?

イギリス 👑 の狙い→ハドソン川を押さえてアメリカを分断しよう！

カナダ↑ サラトガ・ハドソン川・ボストン
デラウェア川
フィラデルフィア（当時の首都）
トレントン
ニューヨーク

・1776.9.15
英、ニューヨーク侵攻
・同12.14
英、トレントン侵攻
・同12.23
英、フィラデルフィアの目前に！

反撃に出たイギリス！ アメリカの運命は!?

▶ 原作1巻 P77参照

ボストンから撤退したイギリスが次に狙ったのはニューヨーク。ハドソン川沿いに南のニューヨークと北のモントリオール（カナダ）から攻め込み、アメリカをバラバラにする作戦（※1）です。アメリカは必死に抵抗しますが、最後はズタボロに……。

イギリスの油断、ワシントンの奇襲

▶ 原作6巻
▶ P23参照

　ニューヨークの勝利から3か月後、イギリスは当時のアメリカの政治の中心・フィラデルフィアに向けて進撃（※2）。制圧は目前でしたが、ちょうどクリスマスだったので手前のトレントンでのんびりすることに。そこをアメリカの上司、ワシントンが（→P216）一か八かでデラウェア川（※3）を渡って奇襲！　大逆転に成功します。

『デラウェア川を渡るワシントン』

↑19世紀に描かれた絵。流氷をかき分けてワシントンたちが進んでいます。

そんな怖い顔してないでクリスマス祝いましょうよ！

ずいぶん愉快な人達じゃないか？

↑イギリスが雇ったドイツ人傭兵は恐れられていましたが、クリスマスにはのんびりしていて!?

アメリカ独立革命・ここまでのまとめ

これ本当にもらっていいの!?

　緒戦は奮闘したものの、ニューヨークでコテンパンにされてからは兵士の脱走が相次いでいたアメリカ。しかし総司令官のワシントンが見せた逆転劇で人々はやる気を取り戻します。一方、イギリスはレッドコートと呼ばれる訓練された正規軍と、ドイツから派遣された傭兵部隊（※4）でアメリカを叩きのめしましたが、指揮官がイマイチで決め手を欠きました。

へー色んな兵隊さんがいるんだね！皆顔違う！

特製も特製だからな。

あと金稲使う時は気をつけろよ

うわーかっこいい！ありがとうイギリス！

ああ！大事にしろよ

※2　なぜ3か月もニューヨークでうだうだしていたのかとか、ハドソン川沿いに進むんじゃなかったのかというツッコミはなしの方向で。イギリスもグダグダだったのです。
※3　冬のデラウェア川は流氷が多く、渡るのは危険。しかし年内に戦果を上げなければ革命自体が危うくなるほど、アメリカ側は追いつめられていました。
※4　イギリスの上司のジョージ3世はドイツのハノーファー選帝侯を兼ねており、ドイツの兵隊を借りることができました。

そして決着が……。アメリカ独立革命 その③

（1775～1783）

圧倒的と思われたイギリスの力をはねのけて戦い続けるアメリカに、ついにフランスたちが手を貸すようになります。長い戦いもいよいよクライマックスです。

- 1777.9～10月
  サラトガの戦い
  →アメリカWIN！
  フランスたちも応援に。
- 1781.8～10月
  ヨークタウンの戦い
- 1783
  パリ条約

サラトガ
ボストン
ハドソン川
ニューヨーク
ヨークタウン
フィラデルフィア

革命の流れはアメリカに。各国も参戦し!?

▶ 原作1巻 P76参照

　1777年、ニューヨーク～フィラデルフィア方面のイギリス軍がもたもたしていた結果、カナダ側からハドソン川に沿って南下していたイギリス軍は孤立。サラトガでアメリカに負けてしまいます（※1）。

　この結果は海を越えてヨーロッパにも届き、ついにフランスがアメリカを助けることを決意（※2）！　スペインやオランダも続きます。さらにロシアやスウェーデンたちもアメリカを応援（→P239）。イギリスは追いつめられていきます……。

 フランスを説得したのはベンジャミン・フランクリンなんだ

アメリカがイギリス相手に有利にやってるだって？……。アメリカ、お兄さんが助けにいくぞー！

※1 アメリカも南では中心都市のフィラデルフィアをイギリスに占領されたりしていましたが、政府を移して粘り強く戦っていました。

※2 当時のフランスの上司はルイ16世。この決断が彼にとっては命取りに……。

最終決戦！ ヨークタウンの戦い

　フランスの援軍を得たアメリカは、南にいる
イギリスを倒すことにしました。南部での長い
戦いに疲れたイギリスがヨークタウンにこもっ
て、ニューヨークの海軍からの補給を待ってい
たのです。しかし補給はフランスに邪魔され
（※3）、ヨークタウンは大軍で包囲されてしま
います。……ついにイギリスの心が折れ、兄弟
の長い戦いは終わりました（※4）。

…ちくしょう…

なんでだよ…
くそっ…

あんなに

大きかったのにな…

こうして俺は、イギリス
から独立したんだ

よくやったなアメリカ。
……報酬もよろしくな？

このあと、独立反対派の
人々は僕の家に来たんだよ

アメリカには俺の家の軍
人も力を貸したんだぜ

※3 チェサピーク湾の戦い。この敗戦は18〜19世紀のイギリス海軍唯一の黒星でした。
※4 まだイギリスがニューヨークなどを押さえていたため、これで戦いが終わるとアメリカは思っていませんでした。が、イギリ
スがやる気を失い実質的に最後の戦いになりました。その後、1783年パリ条約が結ばれ、イギリスはアメリカ独立を認めました。

イギリス先生の特別授業

俺がアメリカの世話をしたりフランスと殴り合ってるとき、他の連中がどんなだったかを説明するぞ。まずは帝国になったロシアからだな。

その頃、ほかの国々は……（18世紀）

【18世紀の世界】

スウェーデン
フィンランド
ロシア
中国
トルコ
日本

ロシア 〜帝政ロシアの躍進〜

　15世紀末にタタールのくびき（※1）から脱したロシア。その後、頑張って家を大きくしたものの、他のヨーロッパの国々からは田舎者扱いされました。17世紀には上司が自らヨーロッパ各国を視察し、ロシアをナウでトレンディーにしようと奮戦。18世紀になるとスウェーデンとのケンカに勝ってバルト海沿岸の土地を手に入れ、大帝国（帝政ロシア）へと成長します。

コラム【女帝エリザヴェータ】

政治より文化面に力を入れたロマノフ朝の女帝。（1741〜1762年在位）。父は初代ロシア皇帝ピョートル1世。七年戦争でマリア・テレジアと同盟を組みました。

僕の家の近代化の際にはひげに税金がかけられたりしたんだよ

女帝エリザヴェータはロシアの宮廷をヴェルサイユっぽくした人なんだ

今はタタールのもとまいにちとっても大変だけど

いつかぼくはうんとおおきな国になるんだ

日本 ～江戸時代真っ盛り～

　鎖国して引きこもっていたものの家の中は安定し、特に首都の江戸は人口が100万人を越えるほど元気だった日本。しかしオランダを通してヨーロッパとの商いはしており、17世紀後半から18世紀前半には美しい磁器を輸出しています。また、18世紀前半になるとオランダの学問にも興味を持つようになりました。

俺の兄たちの家でも日本や中国の白い磁器は大人気だったな

俺の家の焼き物も日本の影響を受けていると言われてるべ～

中国 ～清の繁栄～

　18世紀の中国（清）は優れた上司が続き、元気いっぱい！　この当時、中国が商売で付き合っていたヨーロッパの相手は主にイギリス。イギリスは紅茶を大量に中国から買っていました。一方、中国にはイギリスから欲しいものはなく……。お金を一方的に払うばかりなのが不満なイギリスでしたが、中国は相手にしませんでした。

私の家で必要なものはだいたいいろいろある。外から買う必要はないある～

こうした貿易摩擦がもとで、19世紀にアヘン戦争が起きるんだ

トルコ ～帝国衰退期～

　1683年にウィーンを包囲してコーヒー豆を置いていくなど、やんちゃ者だったトルコ（オスマン帝国）。フランスのルイ14世と仲がよく、18世紀前半はチューリップ栽培にハマり穏やかにすごしていました。しかし、急速に力をつけたロシアとの戦いやオーストリアの反撃で次第に力が衰えていきます……。

スウェーデン ～ロシアに敗れる～

　17世紀には北欧の雄として、フィンランドとともに大国を築いていたスウェーデン。海を越えてアメリカ大陸に別荘を作るなど（→P186）精力的に活動していました。しかし、18世紀になるとロシアとの大ゲンカ（※2）が勃発。激しくボカスカやりあった末に敗れ、ロシアに大国の座を譲ることになりました。

……このときの……負けは……かなりこたえたけど……

このあと、19世紀に僕はスーさんと離れてロシアさんの家に行くことになります

イギリス先生の特別授業

アメリカの世話をしていた頃、俺の家ではすごい変化が起きていた。それが産業革命で、俺の家にミルクティーが広まった理由でもあるんだ。

イギリスの産業革命（18世紀後半）

イギリス、インドから綿織物を輸入。大人気に！

→ 人気すぎて輸入禁止に。

18世紀
綿花を輸入し、自前で製品を作るように。その中で機械が発明されて？

糸車が……

→

紡績機に進化！

木綿から始まった産業革命

産業革命のきっかけはインドからの綿花の輸入。綿花から木綿の糸ができるのですが、糸車で一本一本紡ぐのでは時間がかかります。そこで発明されたのが、一度に糸をたくさん紡げる機械仕掛けの紡績機。さらに紡績機を動かすための蒸気機関が発明され、工場が作られ、製鉄や石炭業が発展し……と、綿織物からスタートしてどんどん技術が発達していきました。

コラム【綿織物】

17世紀のイギリスではインドの木綿が大ブーム！　従来の毛織物より軽く肌触りも良かったのです。しかし人気が出すぎてイギリスの上司は綿織物を輸入禁止に。ならばと人々は綿花を輸入し、自分で商品を作りました。

毛織物職人さんとモメたんだよな

 綿織物が入ってくるまでのヨーロッパは毛織物がメインだったんだ

俺の家の毛織物もいいんだよ。今でも有名だよ～！

 私の家は夏が蒸し暑いので、綿の着物が愛用されましたね

イギリスで産業革命が起きたワケ

この時代、イギリスは三角貿易――アフリカに武器を売って黒人奴隷を買い、彼らを植民地で働かせ砂糖などを大量に作り、本国で売る――でたんまり稼いでいました。このお金が産業革命の原動力になります。また別荘が海外のあちこちにあったため、綿織物をたくさん作れば作るほど大儲けできる状況だったのもポイントでした。

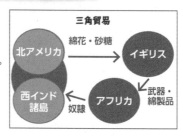

三角貿易

北アメリカ　綿花・砂糖　→　イギリス

西インド諸島　←　アフリカ

奴隷

武器・綿製品

砂糖が庶民にも手に入るようになった時代でもあるんだよな

俺の家の南のほうでは綿花の栽培が盛んだったぞ

お兄さんはイギリスほど別荘を持ってなかったために出遅れたんだ

イギリスの働き手を支えた甘いミルクティー

産業革命が起きた結果、イギリスでは工場で働く人が増えました。彼らの労働を支えた大切なエネルギー源が、中国から輸入された紅茶を使ったミルクティー。カフェインの効果で目が覚める紅茶と、この時代に安く手に入るようになった砂糖、そしてタンパク質が取れるミルクの組み合わせは仕事の前にぴったりでした。

紅茶より前は、俺の家ではビールが人気だったんだが……

ビールを飲んで、ほろ酔いで工場の仕事をするのは危ないな……

いくら砂糖とミルクを入れても、紅茶だけでは体に悪いあるよ～

俺の独立革命中に協力してくれたみんなのことを紹介するぞ！ フランス以外にオランダやスペインも手を貸してくれたんだ。どうだイギリス！

孤立していたイギリス？（アメリカ独立革命中）

1775
海上封鎖令

1777
サラトガでイギリスに勝利

1778
仏米同盟条約
→フランス参戦！

1780
武装中立同盟提唱
らが賛同！

→イギリスの味方がいない……

フランクリンの奮闘！ フランス、アメリカ応援を決意

　フランスとの同盟のためにアメリカから送り込まれたのがベンジャミン・フランクリン（※1）。彼は毛皮の帽子をかぶり、いかにもなアメリカ人を演じてパリの社交界の人気者になります。なかなか良い返事がもらえませんでしたが、サラトガの戦い（→P232）のアメリカの勝利で、ついにフランスの心を動かすことに成功します。

お兄さんのところも財布は苦しかったけど、アメリカの頼みだしね！

あのときは本当に助かったよ、フランス。でもフランスでも革命が……

彼の妻がオーストリアのマリア・テレジアの末娘、有名なマリー・アントワネットだ

コラム【ルイ16世】

アメリカ独立革命の頃のフランスの上司がルイ16世。しかし、彼が上司になった頃のフランスは17世紀からの戦争や浪費がたたって借金まみれでした。アメリカに手を貸したのはうまく行けば借金をチャラにできるかも……と考えたからでしたが、結果として最悪の裏目に出ます。

※1 印刷業から身を起こし、雷の研究に成功し、政治家・外交官としても活躍したマルチな才能の持ち主。ジョージ・ワシントンらと並ぶアメリカ建国の父のひとり。

スペインとオランダも参戦！

1778年にフランスがアメリカの独立を応援することが決まると、フランスと上司が親戚のスペインが続いて参戦。17世紀末の名誉革命の後はイギリスと上司が同じ（→P189）だったオランダも、18世紀になると自分以上に商売で成功していたイギリスが気に入らなかったため、アメリカを応援することにしました。

 イギリスには英蘭戦争でニューネーデルラントを取られたりもしたしのー

 オランダは直接戦ってはいないけど、お金を貸してくれたんだ

相変わらずフランスに引きずられるスペインだった……

今フランスに頭上がらんねんそんなんでフランス応援せなあかんのかな

んなわけでオーストリアには悪いんやけどイタちゃん、俺にくれへん？

←スペインは自分の別荘があったアメリカ南部からちょっぴり応援。フランスほどのやる気はありませんでした。

アメリカとの貿易を邪魔するな！ 武装中立同盟

コラム【エカテリーナ2世】

武装中立同盟を提唱した当時のロシアの有能な女性上司。出身はドイツ。ロシアに漂着した日本人の大黒屋光太夫と謁見して彼を日本に帰したことでも知られています。

独立革命が始まると、海軍に自信があったイギリスはアメリカを干上がらせるべく海上封鎖を決意。アメリカ行きの船を片っ端から取り締まることにします。困ったスウェーデンに相談されたロシアはデンマークやプロイセンも巻き込んで1780年に武装中立同盟を結成しアメリカとの貿易の自由を宣言。……気づくと、イギリスはヨーロッパでぼっちになっていたのでした。

 みんなー、中立国までアメリカ君と貿易するななんて、イギリス君てひどいよねー

同感だべ／だぜ！／だべなー!!

 くそっ、俺だけが悪者みたいじゃねえか……

『スリーピー・ホロウの伝説』

アメリカに伝わる「首なし騎士」の物語

アメリカの映画やドラマの題材にもなっている「スリーピー・ホロウ」。元ネタは、開拓時代のアメリカ北部のスリーピー・ホロウという場所で、首を切られて死んだドイツ人騎士の亡霊が夜ごとに現れてなくした首を探してさまよう……という都市伝説。当時、ドイツ人傭兵が恐れられていたから生まれたのかも？　この話をもとにした小説はワシントン・アーヴィングの短編集『スケッチ・ブック』に収録されています。

 小説だと、首なし騎士はアメリカ独立革命に参加したドイツ人兵士という設定なんだ

↑馬に乗った首なし騎士が、森で哀れな犠牲者を追い回すイメージ。小説ではラストに意外な結末が……!?

日本にも興味があった？　作者のアーヴィング

首なし騎士の小説を書いたワシントン・アーヴィングは19世紀のアメリカ人作家。短編集『スケッチ・ブック』には『スリーピー・ホロウの伝説』以外にもアメリカ版浦島太郎の『リップ・ヴァン・ウィンクル』などが収録されています。彼自身が日本に来たことはありませんが、日本からアメリカに流れ着いた漂流者に興味を持ったり、日本を開国させたペリー提督から日本に関する本を贈られたりしています。

ワシントン・アーヴィング

←アーヴィングは現代を舞台にするより過去の事件をロマンチックに書くのを好みました。

 1834年、日本からフラッタリー岬に3人が流れ着いて先住民族に救助されたんだよ

カナダ

フラッタリー岬

日本　太平洋

第3章
19世紀
～変わりゆく世界～

独立を果たしたアメリカですが、その後もさまざまな事件に
遭遇することになります。そして時は流れて……。

アメリカ先生の特別授業

ここからは俺が独立したあとのことを教えるぞ。まずはフランス革命から。この革命は、俺とイギリスのとき以上の大騒動になったんだ……。

フランス革命とナポレオンの活躍（1789〜19世紀初頭）

アメリカ独立革命に力を貸して大赤字で終わったフランスは……

1789
フランス革命勃発！

1793
ルイ16世、マリー・アントワネット処刑

1804
ナポレオンが皇帝に

アメリカを助けたのが原因!?　フランス革命

　独立革命でアメリカを助けたフランスですが、それにかかった莫大な費用は借金で何とかしたもの。しかし頑張ったわりにフランスが得たものはごくわずかで、収支は大赤字に……。懸命に財政改革を進めようとするフランスの上司でしたが焼け石に水。1789年にはついに革命が勃発し、国王ルイ16世はギロチンの露と消えました。

イギリスからいろいろふんだくる予定だったのにアテが外れたな〜

独立を手伝ってくれたフランスの上司が倒れて俺は複雑だったよ

コラム【王妃マリー・アントワネット】

ハプスブルク家の才女、マリア・テレジア（→P210）の末娘。オーストリアとフランスの同盟関係を深めるため、ルイ16世と政略結婚しました。ダイヤの首飾りを使った詐欺事件に名前を出されたり、浪費を糾弾されたりで国民から人気がなく、彼女もまた革命の中で処刑されました。

マリー・アントワネット　　　ダイヤの首飾り

革命の結果、皇帝が誕生

オーストリアやイギリス、スペインたちはルイ16世の処刑にショックを受け、力を合わせてフランスを押さえ込むことに。一方、フランスの家の中でも粛清の嵐が吹き荒れました。この混乱を収めたのがナポレオン。外国軍を退けた彼は国民の人気を得て1804年にフランス皇帝になり、革命の終わりを宣言しました。

↑ナポレオンは軍事の天才。あのプロイセンでさえ痛い目に遭わされました。

コラム【自分で冠をかぶったナポレオン】

ヨーロッパ（ロシアは除く）の皇帝は即位の際、ローマ教皇から冠を授かるのが恒例。しかしナポレオンは呼びつけた教皇の前で自ら冠をかぶり、自分は教会より上だと示しました。ちなみに絵画ではナポレオンが妻に冠を授けています。

ナポレオン

「ナポレオン1世の戴冠」

名実ともに消えた神聖ローマ

17世紀の三十年戦争（→P201）以来、かろうじて家の枠組み（※）と名前だけを残していた神聖ローマ。しかし破竹の勢いでヨーロッパを支配していくナポレオンに家の中を奪われ、1806年に神聖ローマ皇帝のフランツ2世がついに神聖ローマの解散を宣言しました。こうして神聖ローマは歴史から姿を消したのでした。

コラム【最後の皇帝フランツ2世】

マリア・テレジアの息子のヨーゼフ2世の甥。神聖ローマの解散後はハンガリーと協力してオーストリア帝国を作り、オーストリア皇帝フランツ1世となりました。

↑激動の時代にフランツ2世を支えたのがメッテルニヒ。しかし1848年、ウィーン三月革命でオーストリアを追い出されるハメに。

※ 現在のドイツのあたり。当時はドイツのたくさんの兄たちがそれぞれ好きにやっていました。神聖ローマに属してはいましたが、皇帝に彼らを支配する権限はありませんでした。

アメリカ、家を広げる！
（19世紀前半）

建国時のアメリカ

サンフランシスコ ← 西へ！

独立前から俺は家を広げたかったんだ。19世紀に、俺の家がどんなふうに西へ向けて大きくなっていったのかをこのページでは解説するぞ！

アメリカ、フランスからルイジアナを買う

イギリスから独立後、アメリカは家を広くしようと考えました。そこで3代目の上司になった大統領、トーマス・ジェファーソンはフランスからルイジアナを手に入れることを計画（※1）。当時のフランスの上司、ナポレオンもここを売ってお金にしたほうが得と考え交渉成立。1803年、アメリカは格安でルイジアナを手に入れることができました。

購入した土地

フランス領
ルイジアナ

これで俺の家は一気に2倍の大きさになったんだぞ

お兄さんはヨーロッパで戦うのに忙しかったからなー

ナポレオンはルイジアナを売ったお金を戦いにあてたんだよね

※1 フレンチ＝インディアン戦争の結果、スペインがルイジアナを譲り受けたのですが、満足に手入れできず結局1800年にフランスに返していました。なお、東ルイジアナはアメリカが独立した際にイギリスからもらいました。

アメリカ、カナダをめぐってイギリスとケンカする

フランスがイギリスたちとボコスカしているのを中立の立場で見ていたアメリカ。しかしイギリスの海上封鎖で商売ができなくなり困ってしまいます。それにイギリスはナポレオンとの戦いで手一杯のはず……というわけでアメリカの4代目の上司がこのスキにカナダをいただこうと計画します。そして1812年に米英戦争が始まりますが、カナダは手に入りませんでした（※2）。

アメリカ、怒ったイギリスに上司の屋敷を焼かれたりしたよね

……まあ、首都が危なくなったせいで愛国心は高まったんだぞ

コラム【米英戦争で活躍した軍艦コンスティチューション号】

アメリカ海軍のコンスティチューション号は1812〜1815年の米英戦争で戦った木造船。全長は62m、全幅は13.3m。20世紀末に修理され、現在も航行可能です。現役の船では世界最古。ボストンの観光名所です。

アメリカ海軍の施設として見学できるぞ

フロリダの買い取り、テキサスの併合

テキサス　フロリダ
メキシコ

米英戦争後、1819年にアメリカはスペインからフロリダを買収。さらに1845年にはテキサスを併合しました。この併合がきっかけでお隣のメキシコと戦争になりますがアメリカは勝利。北アメリカ大陸の太平洋側にあるカリフォルニア地方を手に入れます。こうして19世紀、アメリカは家を大幅に広げることに成功しました。

テキサスは20世紀に石油が取れるようになると急に発展したんだ

カリフォルニアでは1848年に金が見つかって、サンフランシスコまで人が押しかけたで〜

ちょっと見ないうちにどんどんデカくなったよな、アメリカ……

アメリカ先生の特別授業

アメリカ分裂!? 南北戦争（1861〜1865）

北軍……工業中心・保護貿易・奴隷反対

南軍……農業中心・自由貿易・奴隷制維持

急に家が大きくなりすぎたためか、俺の家は北と南に分裂して激しい戦いを繰り広げたことがあるんだ。それが1861年に起きた南北戦争だ。

アメリカを二分した大戦争

イギリスの弟だった頃からアメリカの北部と南部はライフスタイルが大きく違っていました。北部は工業中心、南部は農業中心。奴隷制の問題も絡み、ついに1861年に南部は勝手に独立を宣言！北部と戦争になってしまいます。最初はイギリスとフランスに応援された南部が有利でしたが、最終的には北部が勝利。改めてアメリカはひとつにまとまりました。

コラム【リンカーン大統領】

1860年に当選したアメリカ合衆国の第16代大統領。黒人奴隷制の拡大（※1）に反対していました。1863年、南北戦争で北部が国際的な支援を得るため奴隷解放を宣言。1865年に暗殺されました。

 有名な映画『風と共に去りぬ』は南北戦争の時代を描いているぞ

 お兄さんの上司はアメリカの混乱はチャンスと考えてたり……

 この戦争でアメリカの綿花が買えなくなって俺も参ったんだよな

※1　当時のアメリカは黒人奴隷制を認める州と認めない州があり、リンカーンは南部の奴隷制は認めるがアメリカに新しく加わった地域に奴隷制が広がるのには反対という立場でした。南北戦争中に奴隷解放を宣言したのは、イギリスなどすでに奴隷制が撤廃されていた国々に北部の正義を訴えて支持を得るためです。

南北戦争と日本

この頃の日本はちょうど江戸時代の終わり頃でした。1853年にアメリカから黒船が現れ、1854年に開国。日本と西洋諸国の交流が始まりますが、アメリカは南北戦争が起きたために日本どころではなくなります。結果、黒船で一番乗りしたアメリカよりイギリスやフランス、ドイツのほうが早く日本へ進出することになりました。

 私も苦労しましたが、アメリカさんも大変だったんですね

南北戦争が始まって、慌てて日本から引き上げたなあ

 その後、日本の明治維新には俺が力を貸すことになるんだ

ドサクサにまぎれてメキシコを狙ったフランスだが!?

コラム【ナポレオン3世】

ナポレオン（→P243）の甥で、フランス第二帝政の皇帝。パリを現在の姿にしたことで有名。メキシコでの失敗後、1870年にプロイセンと普仏戦争を起こし敗北しました。

この時代のフランスの上司はナポレオン3世。彼は南アメリカへの進出を狙い、イギリスとスペインを誘って1861年にメキシコへ出兵しました。アメリカは南北戦争で手が出せないと踏んだのです。しかしメキシコに抵抗されてイギリスとスペインは撤退。南北戦争を終えたアメリカも怒り出し、フランスは1867年に諦めました。

 ナポレオン3世は国外のことで失敗が多かったんだ

俺が忙しいスキにメキシコに手を出すなんてずるいぞ！

 メキシコの件には私の上司の弟も巻き込まれました……

イギリス先生の特別授業

アメリカが南北戦争をしていた頃は他の国でも激動の時代だったんだ。イタリアや日本、ドイツたちがどんな様子だったか、見てみるとしよう。

その頃、イタリアたちは!?（19世紀）

イタリア → ナポレオン戦争を経て1861年、イタリア王国に

ドイツ → プロイセンがオーストリアやフランスと戦い、1871年にドイツ統一

日本 → 1853年、黒船来航。明治維新へ

イタリア ～オーストリアやスペインから独り立ち～

イタリアはルネサンスが終わったり宗教改革が起きたりした16世紀あたりから周囲の国々にいろいろむしられ、以来ずっと家の中がまとまらず下っ端生活をしていました。しかし18世紀にフランス革命（→P242）を見た影響やナポレオンの率いるフランスに踏みつぶされた（※1）経験から一念発起！　イタリア統一（リソルジメント）運動を始め、1861年にイタリア王国を建国しました。

↑頑張って独立したイタリアでしたが、長年の下っ端生活のためかすっかりヘタレに……。

兄ちゃんと再会したの、すごく久しぶりだったよねー

ふん、俺のことはほっとくつもりだったくせに……

まあまあロマーノ。……はあ、俺も寂しゅうなるなぁ……

※1 ナポレオンはイタリア半島の小国を次々に撃破してほぼ統一してしまいましたが、ナポレオンが失脚するともとに戻されました。

ドイツ ～プロイセン中心に国をまとめる～

　三十年戦争（→P201）以来、バラバラにすごしていたドイツの兄たち。しかしナポレオンの大暴れや産業革命を経て、19世紀の中頃から国としてまとまろうと考え始めます。そのとき統一の中心になったプロイセンはオーストリアを追い出し（※2）、フランスを蹴散らして1871年にドイツ帝国を築きました。

19世紀に兄さんが頑張った結果、俺が生まれたわけだが……

そう、俺様の活躍がお前を生んだんだ！　思うぞんぶん尊敬しろおお！

とりあえずオーストリアを追い出してドイツをまとめてみたわけだ

それから「ドイツのちゃんとしたグループって必要じゃねーの？」と偉大な考えのもと

←1866年の普墺戦争でプロイセンはオーストリアに勝利し、完全にドイツ統一の主導権を握りました。

日本 ～引きこもりから脱出～

ハロー！　アメリカだぞ！　今日は新しい友達日本にアメリカンなゲームを教えに来たぞー！

↑服や建築物、食べ物など、さまざまな西洋の文化がどどっと日本に入ってきた19世紀後半でした。

　1853年にアメリカから黒船がやってきて長い引きこもり状態から叩き起こされた日本。イギリスやロシアたちにも押しかけられ、これまでの平穏さの反動もあって家の中は大混乱に！　しかしさまざまな戦いの末に落ち着きを取り戻し、明治維新を迎えると持ち前の器用さを発揮。イギリスやアメリカの技術や文化を取り入れ、新たな家作りを始めます。

黒船が来たときはうちの上司たちがびっくりしたものですよ

日本にはクジラを捕るための基地になってほしかったんだ

アメリカに渡った各国の人々

（19世紀後半）

政治や革命や戦争などの理由で、いろいろな国からたくさんの人々が移住したアメリカ。ここではリトアニアやドイツ、フランスの人々の事情をざっくり紹介します。

「アメリカは人種のサラダボウル」

1848年のゴールドラッシュ、

1862年のホームステッド法などで多くの移民がアメリカへ向かった。

アメリカで働いたリトアニア

▶ 原作1巻 P79参照

アメリカには17世紀にも顔を出していたリトアニア（※1）ですが、本格的に出稼ぎに行ったのは19世紀後半〜20世紀のこと。リトアニアは18世紀にロシア、プロイセン、オーストリアに切り分けられてロシアの家になってしまい、ロシアから逃れようとする人が続出。19世紀後半には飢饉が起き（※2）リトアニア全土から大量の移民が出ました。

↑多くのリトアニアの人々が出稼ぎに。アメリカに残った人もいれば、リトアニアに帰った人もいました。

あの頃はアメリカさんの家でお金を稼ぐのに必死でした

有名な俳優、チャールズ・ブロンソンはリトアニア系なんだぞ

※1 この頃はポーランド=リトアニア。
※2 飢饉による移民ではアイルランドも有名。1845年に主食だったジャガイモが病気で壊滅し大飢饉が発生。多くの人々が生きるためにアメリカやカナダに移住せざるを得ませんでした。

意外に多い？ ドイツ系アメリカ人

　17世紀には三十年戦争（→P201）の影響でドイツの人々がアメリカへ移住。彼ら初期のドイツ系移民はペンシルヴェニア・ダッチと呼ばれました。19世紀にはベルリンで起きたドイツ三月革命（※3）の失敗が原因で、多くの人々がアメリカに渡ることに。そんな経緯でアメリカにはドイツ系の人々が多いのですが、20世紀のWW1でドイツとアメリカが戦いになると、彼らは大変な苦労をしました。

だって自分ドイツ系アメリカ人ですから！ ハンバーガー大好きです！

American smile

そっかぁ

納得ー

↑ハンバーグやホットドッグなど、ドイツ系の人々からアメリカに広まったものもたくさんあります。

 南北戦争中にアメリカ市民になると表明すれば外国人でも土地をもらえるホームステッド法（※4）が公布されたので移民が増えたんだ

南北戦争後は、俺の家からもたくさんアメリカに移民したよ～

アメリカに溶け込んだフレンチ？ ケイジャン料理

 17世紀にフランスやスペインなどからアメリカの南部に移住した人の子孫はクレオールと呼ばれてるぞ

クレオール料理っていうのもあって、そっちは俺の家の料理の影響が強いんだ

　ケイジャンはフランスから移民した人々の子孫。もともと彼らは北米のアカディア植民地に住んでいたのですが、18世紀にフレンチ＝インディアン戦争（→P216）後にイギリスによって追放され、さまよった末に当時はスペインの別荘だったルイジアナ南部に落ち着きました。彼らが土地の素材を使って作った料理がケイジャン料理。スパイシーで素朴な味が魅力です。

【代表的なケイジャン料理や素材】

ガンボ

↑野菜と肉を煮込んだ美味しいピリ辛スープ。

サンティー

↑太陽に照らして作る水出し紅茶。Sun tea.

ザリガニ

↑ルイジアナの名物。茹でて食べます。

ナマズ

↑ソテーやフライにして食べます。淡白な味。

※3 1848年3月にプロイセンの首都だったベルリンで自由を求める民衆が立ち上がり、暴動に発展しました。なお、1848年にはパリやウィーンでも革命運動が起きました。
※4 南北戦争中の1862年にリンカーン大統領が公布。未開拓地で5年働いて農地にすればその土地をもらえるというもの。この法律で当時のアメリカ西部を開拓していた人々はこぞって北部を支持するように。西部開拓のスピードもアップしました。

兄たちからの贈り物

(1876〜1976)

アメリカがイギリスから独立して100年を迎えようとしていた頃、フランスは南北戦争でボロボロになっていたアメリカに何かしてやりたいと考えました。そして……。

自由の女神
フランスから贈られ、1886年ニューヨークで完成！
高さ93m（台座含む）
重さ225t

自由の鐘
1752年にイギリスで作られアメリカを見守ってきた

100年目（予定）に贈られた自由の女神

▶ 原作4巻 P102〜103参照

　ニューヨークの自由の女神像はアメリカの独立100周年を記念してフランスから贈られました（※1）。お金は寄付や宝くじでまかなわれ、資金不足で1878年のパリ万博に頭部を展示して寄付金を募ったことも……。

　完成した女神像は分解してアメリカに運ばれ、組み立てに手こずりましたが予定から10年遅れの1886年、めでたく除幕式が行われました。──ニューヨークはアメリカに来た移民が最初に降り立つ町。そびえ立つ自由の女神は独立100周年の記念というだけではなく、新天地の自由と希望の象徴として人々の目に映ることになります。

みんなで力を合わせてあの像をNYに建てる事ができたんだぞ！

パリ万博に展示したときはパリっ子に大人気だったぞ♪

女神像はフランス、台座（※2）は俺の家で作られたんだ

※1 女神像のデザインは彫刻家のオーギュスト・バルトルディ。内部設計はのちにエッフェル塔をも設計したギュスターブ・エッフェル。

※2 台座の建設資金はアメリカ国民の寄付でまかなわれました。

アメリカの歴史が刻まれた自由の鐘

　自由の女神と並ぶアメリカのシンボルが自由の鐘。1776年のアメリカ独立宣言の際に鳴らされたことで有名です。この鐘は1752年にイギリスで作られアメリカに贈られましたが、初めて鳴らした際にひびが入り慌てて現地で修理したとか（※3）。

　「自由の鐘」と呼ばれるようになったのは19世紀の前半のこと。この頃にまた大きなひびが入って鳴らせなくなりましたが、南北戦争（→P246）中に奴隷解放のシンボルとしてアメリカ各地で展示されました。現在はフィラデルフィア市にあります。

 いきなりひびが入って驚いたな

それって初期不りょ……

日本！　しーっ!!　

 お、俺のせいじゃないぞっ！

↑1958年に自由の鐘の修理を申し出たイギリスでしたが、すげなく断られました。

そしてアメリカ建国200周年記念日------

"Happy Birthday,USA!"

---- from UK

※3 アメリカ建国200周年には、自由の鐘を作ったイギリスのホワイトチャペル社にアメリカ人がジョークで抗議したことも（笑）。ちなみにホワイトチャペル社は現存する会社で、ロンドンのビッグ・ベンの鐘を作ったことでも有名です。

ヘタリア的 歴史こぼれ話❹

日本にもある「自由の鐘」

❶日比谷公園の自由の鐘

P253で紹介した「自由の鐘」にはアメリカ国内や国外にいくつものレプリカがあります。日本にもあって、東京都千代田区の日比谷公園に設置されています。WW2が終わって間もない1952年に、自由の象徴としてアメリカから寄付されました。

また兵庫県神戸市にも1985年、親善協力都市であるフィラデルフィアから自由の鐘のレプリカが贈られました。こちらは「友情の鐘」と名付けられています。

自由の鐘のレプリカは日本以外に、ベルギーやドイツにもあるぞ

高さ約1メートル、重さは約1トンもある。実物はなかなかの迫力だ

←日比谷公園の自由の鐘。2011年に修理され、音色が復活しました。毎日、正午に鳴り響きます。

❷ミキモト真珠島・真珠博物館の自由の鐘

三重県鳥羽市にあるレジャー施設、ミキモト真珠島にある真珠博物館には真珠で作られた「自由の鐘」のレプリカが展示されています。12250個の真珠と366個のダイヤモンドを使った豪華絢爛なもので、1939年にニューヨーク万国博覧会で展示されました。悪化する国際情勢の中で平和を願って制作されましたが、残念ながら万博中にWW2が始まりました。

銀で作った鐘に真珠のネックレスを巻きつけているんだって。日本もすごいものを作るねー！

↑自由の鐘に彫られた文字やひび割れもきちんと再現。ひびは青真珠を使って再現しています。

戦い終わって……

 WW1、WW2、それにアメリカさんの独立……。歴史に大きく残る出来事をたくさん見てきましたね。お疲れ様でした

 うむ。どの事件も大変で、まさに激動の時代だったな。21世紀になった今も何だかんだで大変ではあるが……

 まったく大変だよなー。イギリスとかEUとかイギリスとか

 う、うるさいな。俺のことは置いとけ！ていうか、俺以外にも苦労してるヤツ多いだろ！　スペインとか！

 HAHA！　みんな、いつの時代も何かしら抱えてるものだね～

 うふふ、アメリカ君ちもたいがい騒々しいよね？

 お前が言うと怖いからやめるあるよ、ロシア。いろいろあっても商売と美食に頑張れば世の中、何とかなるものある

 そうだよね！　あ、みんな、ピッツァ伸びたよ～！

 緊張感がなさ過ぎるぞイタリア！　……と言いたいが、お前にはそのままでいてほしいような気もするな（苦笑）

だけど食べ物のことだけは全力で守る！

 それじゃあまたね！ チャオ～

参考文献

『世界史年表・地図 (2017年版)』／亀井高孝，三上次男，林健太郎，堀米庸三／吉川弘文館
『近代イタリアの歴史―16世紀から現代まで―』／北村暁夫，伊藤武／ミネルヴァ書房
『近代ドイツの歴史―18世紀から現代まで―』／若尾祐司，井上茂子／ミネルヴァ書房
『イギリス近代史―宗教改革から現代まで―』／村岡健次，川北稔／ミネルヴァ書房
『近代イギリスの歴史―16世紀から現代まで―』／木畑洋一，秋田茂／ミネルヴァ書房
『200のテーマで読み解くアメリカの歴史―1492~2010』／鷲尾友春／ミネルヴァ書房
『50のドラマで知るドイツの歴史 祖国統一への道』／マンフレッド・マイ (著)，小杉尅次 (翻訳)／ミネルヴァ書房
『図説 イギリスの歴史 (ふくろうの本)』／指昭博／河出書房新社
『図説 オーストリアの歴史 (ふくろうの本)』／増谷英樹，古田善文／河出書房新社
『図説 ハプスブルク帝国 (河出の図説シリーズ)』／加藤雅彦／河出書房新社
『図説 オランダの歴史 (ふくろうの本)』／佐藤弘幸／河出書房新社
『図説 スペインの歴史 (ふくろうの本)』／川成洋 (著)，宮本雅弘 (写真)／河出書房新社
『図説 帝政ロシア 光と闇の200年 (ふくろうの本)』／土肥恒之／河出書房新社
『図説 ドイツの歴史 (ふくろうの本)』／石田勇治／河出書房新社
『図説 フランスの歴史 (ふくろうの本)』／佐々木真／河出書房新社
『図説 フランス革命 (ふくろうの本)』／芝生瑞和／河出書房新社
『図説 ロシアの歴史 (ふくろうの本)』／栗生沢猛夫／河出書房新社
『集英社新書ヴィジュアル版 フランス革命の肖像』／佐藤賢一／集英社
『茶の世界史 緑茶の文化と紅茶の世界』／角山栄／中央公論新社
『コーヒーが廻り世界史が廻る 近代市民社会の黒い血液』／臼井隆一郎／中央公論新社
『デンマーク国民をつくった歴史教科書』／ニコリーネ・マリーイ・ヘルムス (著)，村井誠人・大溪太郎 (翻訳)／彩流社
『ドイツ史10講』／坂井栄八郎／岩波書店
『フランス史10講』／柴田三千雄／岩波書店
『ミニ国家 リヒテンシュタイン侯国』／植田健嗣／郁文堂
『詳説世界史図録 第2版』／木村靖二，岸本美緒，小松久男／山川出版社
『もういちど読む山川世界史』／『世界の歴史』編集委員会／山川出版社
『世界各国史 24 アメリカ史』／紀平英作 (編)／山川出版社
『世界各国史 11 イギリス史』／川北稔 (編)／山川出版社
『世界史劇場 第一次世界大戦の衝撃』／神野正史／ベレ出版
『世界史劇場 アメリカ合衆国の誕生』／神野正史／ベレ出版
『世界の食文化⑫アメリカ』／本間千枝子(著)，有賀夏紀(著)，石毛直道(監修)／農文協
『増補新装[カラー版]世界服飾史』／深井晃子(監修)／美術出版社
『ミリメシ食べたい NO.1―兵士の給食・レーション』／ワールドフォトプレス
『アンの娘リラ―赤毛のアン・シリーズ(10)』／L・M・モンゴメリ(著)，村岡花子 (翻訳)／新潮社
『スケッチ・ブック』／ワシントン・アーヴィング (著)，吉田甲子太郎 (翻訳)／新潮社
『外務省』／http://www.mofa.go.jp/mofaj/ (2017年12月1日 現在)
『真珠博物館』／http://www.mikimoto-pearl-museum.co.jp/museum/ (2017年12月1日 現在)
一部の地図でhttp://d-maps.com/の白地図を使用しています。

他、多数

ヘタリア Axis Powers（アクシス パワーズ）原作ガイドブック総集編

ヘタリア的WW1・2（ダブルダブルワン ツー）＋独立編

2018年 1月31日　第1刷発行
2025年 3月31日　第6刷発行

監修・イラスト　日丸屋秀和（ひまるや ひでかず）
発行人　石原正康

発行元　株式会社 幻冬舎コミックス
〒151-0051　東京都渋谷区千駄ヶ谷4-9-7
電話　03-5411-6431 (編集)

発売元　株式会社 幻冬舎
〒151-0051　東京都渋谷区千駄ヶ谷4-9-7
電話　03-5411-6222 (営業)
振替　00120-8-767643

印刷・製本所　TOPPANクロレ株式会社

本文イラスト　牛見真依子
イラスト協力　仲村柴太郎

装丁・本文デザイン・編集協力　株式会社 サンプラント
執筆　北出高資
校閲　株式会社 鷗来堂

幻冬舎コミックスホームページ　　　https://www.gentosha-comics.net